# RICETTE QUESADILLAS PER TUTTI I GIORNI

## 100 QUESADILLAS DELIZIOSE E CREATIVE DA FARE IN CASA

CLARA COLOMBO

# SOMMARIO

# INTRODUZIONE

Una quesadilla è un piatto messicano composto da una tortilla ripiena principalmente di formaggio e talvolta carne, spezie e altri ripieni, quindi cotta su una piastra o un fornello. Tradizionalmente si usa una tortilla di mais, ma può anche essere fatta con una tortilla di farina.

Una quesadilla piena è fatta con due tortillas che tengono uno strato di formaggio tra di loro. Una metà è una singola tortilla che è stata ripiena di formaggio e piegata a forma di mezzaluna.

La quesadilla ha le sue origini nel Messico coloniale. La quesadilla come piatto è cambiata e si è evoluta nel corso degli anni poiché le persone ne hanno sperimentato diverse varianti.

Le quesadillas sono spesso vendute nei ristoranti messicani di tutto il mondo.

# TORTILLA PER QUESADILLA

# 1. Tortillas di mais

Fa 12 tortillas

## INGREDIENTI

2 tazze (240 g) masa harina, bianca o gialla

Da 2 a 3 cucchiai (da 16 a 24 g) di farina per tutti gli usi, non sbiancata o (da 18 a 27 g) senza glutine (opzionale)

1/2 cucchiaino di sale

Da 11/4 a 11/3 tazze (da 285 a 315 ml) di acqua calda (più se necessario) o liquido aromatizzato

## INDICAZIONI

In una ciotola media, sbatti o mescola insieme la masa e la farina, se utilizzata, e il sale.

Aggiungere gradualmente l'acqua e mescolare, aiutandosi con un cucchiaio di legno o una spatola e le mani, fino a quando gli ingredienti non saranno ben amalgamati. Impastare per 20-30 secondi fino a quando l'impasto non sarà elastico. L'impasto deve essere abbastanza umido da tenersi insieme. Aggiungi altra acqua tiepida, 1 cucchiaio (15 ml) alla volta, se necessario.

Dividere l'impasto in 12 sfere delle dimensioni di una pallina da golf, modellandole con le mani. Mettere ogni pallina di pasta in una ciotola e coprire con un canovaccio umido per mantenerla umida.

Premere o arrotolare ogni pallina di pasta usando una pressa per tortilla manuale o un mattarello e cuocere su 2 comal o piastra calda. Oppure premere e tostare usando una tortilla elettrica/tostapane.

.

## 2. Tortillas di farina di mandorle

Tempo di cottura: 5 minuti

Porzioni: 8

## INGREDIENTI

100 g di farina di mandorle sbollentate macinata

4 cucchiai di farina di cocco

1 cucchiaino di gomma xantana

1 cucchiaino di lievito in polvere

1/2 cucchiaino di sale

1 uovo, a temperatura ambiente, sbattuto

4 cucchiai di acqua tiepida

## INDICAZIONI

1.Aggiungere l'uovo, la farina di mandorle, la farina di cocco, la gomma di xantano, il lievito, il sale e l'acqua in un frullatore e frullare fino ad ottenere un composto omogeneo. Avvolgere l'impasto in un involucro di plastica e conservare in frigorifero per almeno 10 minuti..

2. Rivestire entrambi i lati della pressa per tortilla con carta da forno o sacchetti Ziploc.. Formare delle palline con l'impasto, metterle nella pressa per tortilla una ad una.. Premere per formare le tortillas..

3.Preriscaldare una ghisa a fuoco medio. Aggiungere le tortillas una per una e cuocere per circa 15-20 secondi per lato..

# 3. Nixtamal

Produce 2 libbre (910 g) di nixtamal o masa, circa 16 tortillas

## INGREDIENTI

2 tazze (448 g) di mais essiccato (vedi barra laterale), sciacquato e scolato

2 cucchiai (12 g) di idrossido di calcio, noto anche come "cal" (calce spenta o marinata)

6 tazze (1,4 l) di acqua tiepida

1 cucchiaino di sale

## INDICAZIONI

1. In una grande casseruola a fuoco basso, unire il mais, il cal e l'acqua. Portare a ebollizione, per circa 30-45 minuti. L'acqua deve scaldarsi lentamente. Non appena l'acqua bolle, spegni il fuoco e lascia riposare per una notte, dalle 18 alle 24 ore, a temperatura ambiente.

2. Scolare il mais imbevuto in un grande scolapasta. Sciacquare bene con acqua fredda.

3. Riempi una ciotola profonda o una padella grande con acqua fredda. Aggiungere il mais imbevuto. Usa le mani per strofinare il mais nell'acqua e rimuovere i gusci. Eliminare l'acqua per rimuovere eventuali scafi galleggianti. Riempire con acqua per coprire il mais, strofinare il mais e versare l'acqua. Ripetere da 7 a 10 volte per sbucciare il mais. Quando l'acqua scorre limpida o quasi limpida, la missione è compiuta. Non drenare l'ultima volta. A questo punto hai posole. Posole è usato negli stufati messicani.

4. Per il masa: macinare il mais decorticato fino a ottenere un impasto liscio e fine (nixtamal) usando un tritacarne manuale o elettrico, un metate o un robot da cucina.

5. Per fare la masa con un robot da cucina, scolare metà del liquido in eccesso con un mestolo forato e mettere metà del mais imbevuto nella ciotola da lavoro munita di lama. Pulse da 10 a 15 volte. Aggiungere il mais rimanente e frullare da 10 a 15 volte. Aggiungi da 1 a 2 cucchiai (da 15 a 28 ml) di acqua dal mais. Pulse altre 8-10 volte. Raschiare la ciotola secondo necessità tra una pulsazione e l'altra. Aggiungi da 1 a 2 cucchiai (da 15 a 28 ml) di acqua e sale. Frullare fino a quando non inizia a formarsi un impasto.

6. Sformare su una spianatoia, impastare un paio di volte e formare una palla. Avvolgere con plastica e lasciare riposare per 30 minuti. Rompi in pezzi da 11/2 once (42 g) e modella in 16 palline.

7. Premi ogni pallina di pasta usando una pressa per tortilla.

8. Cuocere su una comal calda o su una piastra.

9. Oppure premere e tostare usando una tortilla elettrica/tostapane.

10. Tenere in caldo fino a quando tutto l'impasto non sarà utilizzato.

# 4. Tortillas di mais blu

Fa 12 tortillas

## INGREDIENTI

2 tazze (240 g) di mais blu masa harina

Da 2 a 3 cucchiai (da 16 a 24 g) di farina per tutti gli usi, non sbiancata o (da 18 a 27 g) senza glutine (opzionale)

1/2 cucchiaino di sale

Da 11/4 a 11/3 tazze (da 285 a 315 ml) di acqua calda (più se necessario)

## INDICAZIONI

1 In una ciotola media, sbatti o mescola insieme la masa e la farina, se utilizzata, e il sale.

2 Aggiungere l'acqua. Mescolate, aiutandovi con un cucchiaio di legno o una spatola e le mani, fino a quando tutti gli ingredienti saranno ben amalgamati. Impastare per 20-30 secondi fino a quando l'impasto non sarà elastico. L'impasto deve essere abbastanza umido da tenersi insieme. Aggiungi acqua tiepida, 1 cucchiaio (15 ml) alla volta, se necessario.

3 Dividere l'impasto in 12 sfere delle dimensioni di una pallina da golf, modellandole con le mani. Mettere ogni pallina di pasta in una ciotola e coprire con un canovaccio umido per mantenerla umida.

4 Premere o arrotolare ciascuna pallina di pasta utilizzando una pressa per tortilla manuale o un mattarello e cuocere su una

comal calda o una piastra. Oppure premere e tostare usando una tortilla elettrica/tostapane.

5 Tenere in caldo fino a quando tutto l'impasto non è stato utilizzato.

## 5. Polpette di farina di mais fritte

Per 4 porzioni

## INGREDIENTI

2 tazze (240 g) di farina di mais gialla, bianca o blu

1 cucchiaino di sale

1 tazza (235 ml) di acqua bollente

Olio per friggere

## INDICAZIONI

1 In una ciotola capiente, unire la farina di mais e il sale. Unire gradualmente l'acqua bollente. L'impasto deve essere abbastanza umido da mantenere una forma ma non troppo morbido. Lasciare raffreddare l'impasto abbastanza da poterlo maneggiare, circa 5 minuti.

2 Dividere l'impasto in 12 sfere delle dimensioni di una pallina da golf, modellandole con le mani.

3 Usando le mani, appiattisci ogni pallina di impasto in un tortino spesso 1/2 pollice (13 mm). Mentre l'olio si scalda, copri le polpette con un canovaccio umido.

4 Scaldare 13 mm (1/2 pollice) di olio in una padella elettrica a 190°C (375°F), oppure utilizzare una padella pesante a fuoco medio-alto e un termometro per dolci/frittura.

5 Usando una spatola scanalata, infilare con cautela da 2 a 3 polpette di farina di mais nell'olio bollente. Cuocere da un lato fino a doratura, da 3 a 5 minuti. Girare e cuocere finché entrambi i lati non saranno dorati, altri 3 minuti.

6 Scolare su carta assorbente. Tenere caldo. Ripeti fino a quando tutte le polpette saranno fritte.

7 Al momento di servire, scaldare 1/2 pollice (13 mm) di olio in una padella pesante a fuoco medio-alto fino a 375°F (190°C). Mettere le polpette nell'olio bollente con la parte piatta rivolta verso il basso e friggerle leggermente finché non diventano croccanti e dorate, circa 1 minuto per lato. Togliere dall'olio, scolare su carta assorbente e tenere in caldo. Ripeti fino a quando tutte le polpette saranno fritte.

## 6. Gordita e sopes

Fa 12 gorditas o sopes

## INGREDIENTI

2 tazze (240 g) di masa harina

1 cucchiaino di sale

1 cucchiaino di lievito in polvere normale o senza glutine (omettere per le zuppe)

11/2 (355 ml) tazze d'acqua

1/2 tazza (103 g) di strutto o grasso vegetale o 1/3 tazza (80 ml) di olio vegetale o (75 g) olio di cocco solido

Olio vegetale, per friggere le zuppe

## INDICAZIONI

1 Preriscaldare una comal o una piastra a fuoco medio a 350°F (180°C) o secondo le indicazioni del produttore se si utilizza una pressa/tostapane elettrico.

2 In una ciotola capiente, unire la masa, il sale e il lievito (se lo si usa per i gorditas), sbattendo o mescolando per amalgamare bene.

3 In una piccola casseruola a fuoco medio, unire l'acqua e lo strutto o l'olio. Scaldare per sciogliere lo strutto. Mettere da parte sul fuoco a raffreddare a tiepido prima di unire agli ingredienti secchi

4 Aggiungere gradualmente il liquido tiepido agli ingredienti secchi e impastare per circa 3 minuti. L'impasto deve essere

della consistenza di Play-Doh, malleabile e liscio ma con elasticità sufficiente per mantenere una forma.

5 Dividere l'impasto in 12 dischi grandi come una pallina da golf.

## PER GORDITA

1 A mano o usando una pressa, modellare le palline in polpette o gorditas dello spessore di 1/2 pollice (13 mm), di circa 4 pollici (10 cm) di diametro. Coprire con un asciugamano umido per evitare che si secchi. (Vedi qui per i dettagli sull'uso di una pressa manuale o di una pressa/griglia elettrica. Non premere così sottile come per le tortillas.)

2 Oliare leggermente la comal o la piastra preriscaldata.

3 Tostare i gorditas a fuoco medio per un totale di 10-12 minuti, girandoli secondo necessità per evitare che si dorino troppo. Durante la cottura devono gonfiarsi leggermente. I Gorditas dovrebbero cuocere lentamente in modo che l'interno non sia troppo pastoso. L'esterno dovrebbe avere macchie marrone chiaro.

4 Lasciar raffreddare per circa 5 minuti per una più facile manipolazione. Servire al naturale o diviso con un coltello (come si farebbe con una pita o un muffin inglese).

## PER SOPES

1 Ripetere le istruzioni da 1 a 5 nella pagina precedente.

2 A mano o usando una pressa elettrica, modellare le palline in 12 polpette o polpette (1/3 di pollice [8 mm] di spessore). Coprire con un asciugamano umido per evitare che si secchi.

(Vedi qui per i dettagli sull'uso di una pressa manuale o di una pressa/griglia elettrica.) Non premere sottile come per le tortillas. Le sopes dovrebbero avere un diametro di circa 4 pollici (10 cm).

3 Oliare leggermente la comal o la piastra preriscaldata.

4 Mettere ogni sope sulla comal o sulla piastra preriscaldata unta d'olio e cuocere per circa 1 minuto o fino a quando l'impasto inizia a rapprendersi. Non cuocere troppo o l'impasto si asciugherà e si spezzerà. Girare e cuocere per altri 20-30 secondi.

5 Usando una spatola, togliere le zuppe par-cotte dalla piastra. Coprire le tortillas con un canovaccio asciutto e lasciarle raffreddare per 30-45 secondi o fino a quando non saranno abbastanza fredde da poterle maneggiare con cautela. Velocemente, prima che si raffreddino troppo, capovolgere i bordi in modo da formare un bordo con le labbra, come una crosta di crostata, per trattenere il ripieno. Coprire con un canovaccio asciutto e ripetere fino a quando tutte le zuppe non sono sformate e ben formate. Questo può essere fatto fino a 3 o 4 ore prima.

6 Al momento di servire, scaldare 1/2 pollice (13 mm) di olio in una padella pesante a fuoco medio-alto fino a 375°F (190°C). Mettere le sopes nell'olio bollente con la parte piatta rivolta verso il basso e friggerle leggermente finché non diventano croccanti e dorate, circa 1 minuto per lato. Togliere dall'olio, scolare su carta assorbente e tenere in caldo. Ripeti fino a quando tutte le zuppe non saranno fritte.

# 7. Tortillas di farina base

Per 12 (6 pollici [15 cm]) tortillas

## INGREDIENTI

250 g di farina bianca per tutti gli usi, (240 g) di farina non sbiancata o (240 g) di farina integrale finemente macinata (o una combinazione)

1 cucchiaino di lievito in polvere (facoltativo)

1 cucchiaino di sale

1/2 tazza (103 g) di strutto solido o grasso vegetale o 1/3 tazza (68 g) di strutto fresco, (80 ml) olio vegetale, di mais o d'oliva (o desiderato) o (75 g) olio di cocco solido

1 tazza (235 ml) di acqua calda (qui mostrata per preparare le tortillas di farina aromatizzata)

## INDICAZIONI

1 In una ciotola capiente, mescolate la farina, il lievito e il sale. Utilizzando un coppapasta o una ciotola da lavoro di un robot da cucina dotato di una lama, tagliare lo strutto fino a quando il composto non assomiglia a delle briciole grossolane. Se il composto risulta troppo asciutto, incorporare ulteriore grasso o strutto, se necessario.

2 Aggiungere lentamente l'acqua calda, mescolando o facendo pulsare, fino a formare una palla di impasto. Impastare leggermente l'impasto nella ciotola 30 volte o secondo necessità per formare un impasto malleabile e non appiccicoso. Oppure togliere l'impasto dalla ciotola del robot da cucina e impastare su una spianatoia leggermente infarinata.

3 Mettere l'impasto in una ciotola o su una spianatoia. Coprite con un canovaccio pulito e lasciate riposare 1 ora. Questo è un buon punto di sosta se vuoi servire tortillas fresche più tardi. L'impasto può riposare dalle 4 alle 6 ore se è ben coperto con uno strato di pellicola trasparente e un asciugamano per evitare che si secchi. Non refrigerare.

4 Staccare i pezzi e modellare l'impasto in 12 palline di dimensioni uguali. Coprite con un canovaccio pulito e lasciate riposare altri 20-30 minuti.

5 Quando è il momento di finire le Tortillas, stendete ogni pallina di pasta fino a renderla molto sottile (non più spessa della copertina rigida di un libro, più sottile se potete) aiutandovi con un mattarello. Coprite i lati di una ciotola e tenete coperto con un canovaccio mentre stendete ogni tortilla.

6 Cuocere su una comal calda o su una piastra. Oppure premere e tostare usando una tortilla elettrica/tostapane.

7 Tenere in caldo fino a quando tutto l'impasto non sarà esaurito.

# 8. Tortillas di farina senza glutine

Per 12 (6 pollici [15 cm]) tortillas

## INGREDIENTI

2 tazze (272 g) di farina senza glutine

1 cucchiaino di lievito per dolci senza glutine (facoltativo)

1 cucchiaino di sale

1/2 tazza (103 g) di strutto o grasso vegetale, o 1/3 tazza (68 g) di strutto fresco, (80 ml) olio vegetale, mais, d'oliva (o desiderato) o (75 g) olio di cocco solido

1 tazza (235 ml) di acqua calda

## INDICAZIONI

1 In una ciotola capiente, mescolate la farina, il lievito e il sale. Utilizzando un coppapasta o una ciotola da lavoro di un robot da cucina dotato di una lama, tagliare lo strutto fino a quando il composto non assomiglia a delle briciole grossolane. Se il composto risulta troppo asciutto, incorporare ulteriore grasso o strutto, se necessario.

2 Aggiungere lentamente l'acqua calda, mescolando o facendo pulsare, fino a formare una palla di impasto. Impastare leggermente l'impasto nella ciotola 30 volte o secondo necessità per formare un impasto malleabile e non appiccicoso. Oppure togliere l'impasto dalla ciotola del robot da cucina e impastare su una spianatoia leggermente infarinata.

3 Mettere l'impasto in una ciotola o su una spianatoia. Coprite con un canovaccio pulito e lasciate riposare 1 ora. Questo è un

buon punto di sosta se vuoi servire tortillas fresche più tardi. L'impasto può riposare dalle 4 alle 6 ore se è ben coperto con uno strato di pellicola trasparente e un asciugamano per evitare che si secchi. Non refrigerare.

4 Staccare i pezzi e modellare l'impasto in 12 palline di dimensioni uguali. Coprite con un canovaccio pulito e lasciate riposare altri 20-30 minuti.

5 Quando è il momento di finire le Tortillas, stendete ogni pallina di pasta fino a renderla molto sottile (non più spessa della copertina rigida di un libro, più sottile se potete) aiutandovi con un mattarello. Coprite i lati di una ciotola e tenete coperto con un canovaccio mentre stendete ogni tortilla.

6 Cuocere su una comal calda o su una piastra. Oppure premere e tostare usando una tortilla elettrica/tostapane.

7 Tenere in caldo fino a quando tutto l'impasto non sarà esaurito.

# 9. Tortillas di riso integrale

Per 12 (6 pollici [15 cm]) tortillas

## INGREDIENTI

11/2 tazze (240 g) di farina di riso integrale

1/2 tazza (60 g) di farina di tapioca

1/2 cucchiaino di sale

1 tazza (235 ml) di acqua bollente

Olio vegetale a scelta

## INDICAZIONI

1 In una terrina media, sbatti insieme il riso integrale, le farine di tapioca e il sale.

2 Aiutandosi con un cucchiaio di legno, aggiungere gradualmente l'acqua bollente fino a formare un impasto. Impastare l'impasto nella ciotola 20 volte. Aggiungi l'acqua, 1 cucchiaio (15 ml) alla volta, se l'impasto sembra troppo asciutto.

3 Coprite con un canovaccio umido e lasciate riposare 10 minuti.

4 Staccare i pezzi e modellare l'impasto in 12 palline di dimensioni uguali. Coprire con un canovaccio da cucina umido.

5 Stendete ogni pallina di pasta fino a renderla molto sottile (non più spessa della copertina rigida di un libro, più sottile se potete) aiutandovi con un mattarello. Oppure premere utilizzando una pressa per tortilla manuale. Coprite i lati di una ciotola e tenete coperto con un canovaccio umido mentre stendete o pressate ogni tortilla.

6 Scalda una comal o una piastra a fuoco medio-alto. Quando la piastra sarà abbastanza calda da far "ballare" qualche goccia d'acqua e farla evaporare subito, ricoprite generosamente la superficie calda con olio vegetale. Cuocere le tortillas da 1 a 2 minuti su ciascun lato fino a quando non compaiono delle chiare macchie abbronzate. Ripetere l'operazione, aggiungendo altro olio quanto basta, fino a quando tutte le Tortillas saranno cotte.

7 Tenere in caldo fino a quando tutto l'impasto non sarà esaurito.

8 Quando tutte le tortillas sono cotte, mettile in uno scalda tortilla o impilale tra due piatti. Lasciate riposare e cuocete a vapore per circa 10 minuti in modo che diventino morbidi e flessibili.

Usi consigliati: Huevos Rancheros con Posole Verde, Quesadillas ripieni di Verdure Grigliate o Saltate e Chile Arrostite.

# 10. Tortillas di patate dolci o farina di zucca

Per 12 (6 pollici [15 cm]) tortillas

## INGREDIENTI

250 g di farina bianca per tutti gli usi, (240 g) di farina non sbiancata o (240 g) di farina integrale finemente macinata (o una combinazione di queste)

3 cucchiaini (14 g) di lievito in polvere

1 cucchiaino di sale

1/2 tazza (103 g) di grasso di strutto o vegetale o 1/3 tazza (80 ml) di olio vegetale, di mais o d'oliva (o desiderato) o (75 g) di olio di cocco solido

3/4 di tazza (246 g) purè di patate dolci (in scatola o fresche) o (184 g) purea di zucca (in scatola o fresca)

## INDICAZIONI

1/2 tazza (120 ml) di acqua calda, più altra se necessario

1 In una ciotola capiente, mescolate la farina, il lievito e il sale.

2 Usando un frullatore, una forchetta o due coltelli, incorporare lo strutto o il grasso fino a quando la farina non appare come briciole grossolane.

3 Aggiungere gradualmente la patata dolce o la zucca e l'acqua calda, mescolando con un cucchiaio di legno, fino a formare una palla di pasta.

4 Per preparare l'impasto utilizzando un robot da cucina dotato di lama, unire gli ingredienti secchi nella ciotola da lavoro. Aggiungere lo strutto, mescolando per unire fino a quando il composto non assomiglia a briciole grossolane. Se il composto risulta troppo asciutto, incorporare ulteriore grasso o strutto secondo necessità. Aggiungere gradualmente la patata dolce o la zucca e l'acqua, facendo pulsare per formare una palla di pasta.

5 Una volta formato l'impasto, impastare leggermente l'impasto nella ciotola 30 volte o secondo necessità per formare un impasto malleabile e non appiccicoso. Oppure togliere l'impasto dalla ciotola del robot da cucina e impastare su una spianatoia leggermente infarinata come sopra. Se l'impasto è troppo appiccicoso, aggiungere altra farina se necessario.

6 Mettere l'impasto in una ciotola o su una spianatoia. Coprite con un canovaccio da cucina pulito e lasciate riposare per 1 ora. Questo è un buon punto di sosta se vuoi servire tortillas fresche più tardi. L'impasto può riposare fino a 4-6 ore se è ben coperto con uno strato di pellicola trasparente e un asciugamano per evitare che si secchi. Non refrigerare.

7 Staccare i pezzi e modellare l'impasto in 12 palline di dimensioni uguali. Coprite con un canovaccio pulito e lasciate riposare altri 20-30 minuti.

8 Quando è il momento di finire le Tortillas, stendete ogni pallina di pasta fino a renderla molto sottile (non più spessa della copertina rigida di un libro, più sottile se potete) aiutandovi con un mattarello. Coprite i lati di una ciotola e tenete coperto con un canovaccio mentre stendete ogni tortilla.

9 Cuocere su una comal o una piastra ben calda. Oppure premere e tostare usando una tortilla elettrica/tostapane.

# 11. Tortilla di fagioli neri

Per 12 (6 pollici [15 cm]) tortillas

## INGREDIENTI

1/3 di tazza (47 g) di farina di fagioli neri

1/2 tazza (64 g) di amido di mais

2 cucchiai (16 g) di farina di tapioca

1/2 cucchiaino di sale

2 uova, leggermente sbattute

11/2 tazza (355 ml) d'acqua

Spray di olio vegetale secondo necessità

## INDICAZIONI

1 In una ciotola media, unire la farina di fagioli neri, l'amido di mais, la farina di tapioca e il sale.

2 Utilizzando una frusta, sbattere le uova e l'acqua fino a quando la pastella non sarà formata da grumi. La pastella risulterà davvero sottile. Lasciare da parte per 25-30 minuti per addensare.

3 Preriscalda una padella per crepes da 6 o 8 pollici (da 15 a 20 cm) a 190°C (375°F). È preferibile una padella con superficie antiaderente. Oppure ricoprire leggermente l'interno del fondo e dei lati di una padella con spray da cucina prima di cuocere la tortilla.

4 Quando la padella è preriscaldata, versa 1/4 di tazza (60 ml) di pastella nella padella, roteando per distribuire uniformemente la pastella e creare una tortilla rotonda e sottile. Cuocere per 45 secondi a 1 minuto o fino a quando la pastella si sarà solidificata.

5 Usando una spatola, gira la tortilla quel tanto che basta per cuocere l'altro lato fino a quando diventa marrone chiaro. Rimuovere su un foglio di carta oleata. Continuate con la pastella rimasta, separando ogni tortilla con un foglio di carta oleata. Tenere in caldo fino al momento di servire.

Usi consigliati: Arrotolare come le "Crepes" di tortilla di farina ripiene di uova strapazzate e condite con salsa Cile rossa del New Mexico.

# 12. Tortillas di riso integrale

Per 12 (6 pollici [15 cm]) tortillas

## INGREDIENTI

11/2 tazze (240 g) di farina di riso integrale

1/2 tazza (60 g) di farina di tapioca

1/2 cucchiaino di sale

1 tazza (235 ml) di acqua bollente

Olio vegetale a scelta

## INDICAZIONI

1 In una terrina media, sbatti insieme il riso integrale, le farine di tapioca e il sale.

2 Aiutandosi con un cucchiaio di legno, aggiungere gradualmente l'acqua bollente fino a formare un impasto. Impastare l'impasto nella ciotola 20 volte. Aggiungi l'acqua, 1 cucchiaio (15 ml) alla volta, se l'impasto sembra troppo asciutto.

3 Coprite con un canovaccio umido e lasciate riposare 10 minuti.

4 Staccare i pezzi e modellare l'impasto in 12 palline di dimensioni uguali. Coprire con un canovaccio da cucina umido.

5 Stendete ogni pallina di pasta fino a renderla molto sottile (non più spessa della copertina rigida di un libro, più sottile se potete) aiutandovi con un mattarello. Oppure premere utilizzando una pressa per tortilla manuale. Coprite i lati di una

ciotola e tenete coperto con un canovaccio umido mentre stendete o pressate ogni tortilla.

6 Scalda una comal o una piastra a fuoco medio-alto. Quando la piastra sarà abbastanza calda da far "ballare" qualche goccia d'acqua e farla evaporare subito, ricoprite generosamente la superficie calda con olio vegetale. Cuocere le tortillas da 1 a 2 minuti su ciascun lato fino a quando non compaiono delle chiare macchie abbronzate. Ripetere l'operazione, aggiungendo altro olio quanto basta, fino a quando tutte le Tortillas saranno cotte.

7 Tenere in caldo fino a quando tutto l'impasto non sarà esaurito.

8 Quando tutte le tortillas sono cotte, mettile in uno scalda tortilla o impilale tra due piatti. Lasciate riposare e cuocete a vapore per circa 10 minuti in modo che diventino morbidi e flessibili.

# 13. Tortillas ai cereali misti

Fa 12 tortillas

## INGREDIENTI

2/3 di tazza (80 g) di farina di tapioca

2/3 di tazza (107 g) di farina di riso

1/3 di tazza (45 g) di farina di sorgo

40 g di farina di grano saraceno

1/2 cucchiaino di lievito per dolci senza glutine

3/4 cucchiaino di gomma xantana

1 tazza (235 ml) di acqua calda

1/3 di tazza (68 g) di farina di riso dolce o secondo necessità

Olio vegetale a scelta

## INDICAZIONI

1 In una ciotola capiente, unire le farine di tapioca, riso, sorgo e grano saraceno, il lievito e la gomma di xantano.

2 Aiutandosi con un cucchiaio di legno, incorporare gradualmente l'acqua calda e mescolare fino a formare l'impasto. Se l'impasto è troppo appiccicoso per formare una palla, aggiungi la farina di riso dolce con un cucchiaio (13 g) per ottenere un impasto morbido, non appiccicoso che manterrà la sua forma.

3 Dividete l'impasto in 12 pezzi uguali. Rotolare per formare sfere delle dimensioni di una pallina da golf. Ritorna nella ciotola e copri con un canovaccio umido.

4 Cospargere leggermente la superficie di rotolamento e una palla di pasta con farina di riso. Stendete ogni pallina di pasta fino a renderla molto sottile (non più spessa della copertina rigida di un libro, più sottile se potete) aiutandovi con un mattarello. Oppure premere utilizzando una pressa per tortilla manuale.

5 Scalda una comal o una piastra a fuoco medio-alto. Quando la piastra sarà abbastanza calda da far "ballare" qualche goccia d'acqua e farla evaporare subito, ricoprite generosamente la superficie calda con olio vegetale.

6 Quando l'olio è caldo, versateci dentro una tortilla. Muovetela per ricoprire il fondo d'olio; capovolgilo e spostalo per ricoprire quel lato.

7 Cuocere fino a quando la tortilla inizia a dorarsi, circa 2 o 3 minuti. Girare e cuocere fino a quando l'altro lato inizia a dorarsi, altri 3 o 4 minuti. Aggiungere altro olio se necessario per cuocere le restanti Tortillas.

8 Scolate su carta assorbente e tenete in caldo fino a quando tutto l'impasto non sarà esaurito.

# 14. Tortillas di miglio e quinoa

Fa 12 tortillas

## INGREDIENTI

1/2 tazza (60 g) di farina di miglio

1/2 tazza (56 g) di farina di quinoa

1 tazza (120 g) di farina di tapioca

1 cucchiaino di lievito per dolci senza glutine

1 cucchiaino di gomma xantana

1 cucchiaino di sale

1 cucchiaio (20 g) di miele o sciroppo d'agave

1/2 tazza (120 g) di acqua tiepida

4 cucchiai (103 g) di grasso o strutto


## INDICAZIONI

1 In una ciotola dello sbattitore elettrico o in una ciotola di medie dimensioni, unire le farine di miglio, quinoa e tapioca, il lievito, la gomma di xantano e il sale. Utilizzare uno sbattitore elettrico a bassa velocità o una frusta a mano per unire gli ingredienti secchi

2 Se si utilizza uno sbattitore elettrico, aggiungere il miele o l'agave, l'acqua tiepida e il grasso o lo strutto, mescolando fino

a formare un impasto attorno alle fruste. Impastare l'impasto a velocità media per un altro minuto. Oppure, se si lavora a mano, utilizzare un cucchiaio di legno per incorporare gli ingredienti umidi, mescolando fino a formare una palla morbida. Impastare da 10 a 20 volte. L'impasto risulterà leggermente appiccicoso ed elastico.

3 Avvolgere l'impasto in un involucro di plastica e lasciare raffreddare per 30-45 minuti.

4 Dopo aver fatto raffreddare, dividere l'impasto in 12 parti uguali e formare ciascuna una palla. Rimettete nella ciotola e coprite con un canovaccio umido per evitare che si secchi.

5 Stendete ogni pallina di pasta fino a renderla molto sottile (non più spessa della copertina rigida di un libro, più sottile se potete) aiutandovi con un mattarello. Oppure premere utilizzando una pressa per tortilla manuale. Coprite i lati di una ciotola e tenete coperto con un canovaccio umido mentre stendete o pressate ogni tortilla.

6 Scalda una comal o una piastra a fuoco medio-alto. Quando la piastra sarà abbastanza calda da far "ballare" qualche goccia d'acqua e farla evaporare subito, ricoprite generosamente la superficie calda con olio vegetale. Cuocere le tortillas da 1 a 2 minuti per lato. Ripetere l'operazione aggiungendo altro olio quanto basta fino a quando tutte le Tortillas saranno cotte.

7 Tenere in caldo fino a quando tutto l'impasto non sarà esaurito.

8 Quando tutte le tortillas sono cotte, mettile in uno scalda tortilla o impilale tra due piatti. Lasciate riposare e cuocete a vapore per circa 10 minuti in modo che diventino morbidi e flessibili.

## 15. Tortilla Di Farina

Tempo di cottura: 5 minuti

Porzioni: 10-13

## INGREDIENTI

450 g di farina per tutti gli usi

3 cucchiai di grasso vegetale freddo

1 cucchiaino di sale

2 cucchiaini di lievito in polvere

375 ml di acqua

## INDICAZIONI

1.Mescolare in una ciotola la farina, il sale, il lievito e il grasso vegetale.. Mescolare bene con le mani fino ad incorporare tutto.

2.Aggiungere lentamente l'acqua e lavorare l'impasto con le mani.. La farina dovrebbe assorbire il liquido, dovresti ottenere un impasto liscio..

3. Formare delle palline con l'impasto, metterle nella tortilla pressa una ad una. Pressare per formare le tortillas..

Preriscaldare una padella di ghisa a fuoco medio. Aggiungere le Tortillas una ad una e cuocere per circa 30-40 secondi per lato..

# 16. Tortillas di farina di mandorle

Tempo di cottura: 5 minuti

Porzioni: 8

## INGREDIENTI

100 g di farina di mandorle sbollentate macinata

4 cucchiai di farina di cocco

1 cucchiaino di gomma xantana

1 cucchiaino di lievito in polvere

1/2 cucchiaino di sale

1 uovo, a temperatura ambiente, sbattuto

4 cucchiai di acqua tiepida

## INDICAZIONI

1.Aggiungere l'uovo, la farina di mandorle, la farina di cocco, la gomma di xantano, il lievito, il sale e l'acqua in un frullatore e frullare fino ad ottenere un composto omogeneo. Avvolgere l'impasto in un involucro di plastica e conservare in frigorifero per almeno 10 minuti..

2. Rivestire entrambi i lati della pressa per tortilla con carta da forno o sacchetti Ziploc.. Formare delle palline con l'impasto,

metterle nella pressa per tortilla una ad una.. Premere per formare le tortillas..

3.Preriscaldare una ghisa a fuoco medio. Aggiungere le tortillas una per una e cuocere per circa 15-20 secondi per lato..

## 17. Tacos vegani

Tempo di cottura: 15 minuti

Porzioni: 6

## INGREDIENTI

260 g di masa harina per tortillas

250 ml di acqua calda

2 cucchiai di acqua, a temperatura ambiente

## INDICAZIONI

1.Mescolare masa harina e acqua calda in una ciotola. Coprire e lasciar riposare per circa 30 minuti..

2. Impastare l'impasto, aggiungendo acqua a temperatura ambiente. Impastare fino ad ottenere un impasto liscio..

3. Rivestire entrambi i lati della pressa per tortilla con carta da forno o sacchetti Ziploc.. Formare delle palline con l'impasto, metterle nella pressa per tortilla una ad una.. Premere per formare le tortillas..

4.Preriscaldare una ghisa a fuoco medio. Aggiungere le tortillas una per una e cuocere per circa 15-20 secondi per lato..

5.Preriscaldare l'olio in una padella a fuoco medio. Aggiungere la cipolla e il jalapeno e cuocere per circa 5 minuti..

6.Aggiungere i fagioli con il liquido in una casseruola e cuocere per circa 2-3 minuti a fuoco medio, mescolando spesso..

7.Distribuire i fagioli sopra ogni tortilla, aggiungere il chorizo e aggiungere sopra il composto di cipolla jalapeno. Servire condito con coriandolo..

# 18. Tortillas di farina di coriandolo

Tempo di cottura: 15 minuti

Porzioni: 12

## INGREDIENTI

256 g di coriandolo fresco, tritato

255 g di farina per tutti gli usi

32 g di strutto, tritato

1 cucchiaio di olio vegetale

1 cucchiaino di sale kosher


## INDICAZIONI

1. Far bollire circa 1. 2. L di acqua in una casseruola a fuoco medio. . Cuocere il coriandolo in acqua per 1 minuto. Scolare il coriandolo lasciando $\frac{3}{4}$ tazza di acqua di cottura..

2. Frullare l'acqua di cottura, il coriandolo e il sale nel frullatore fino a ottenere un composto liscio, lasciare raffreddare..

3. Aggiungere la farina e lo strutto in una ciotola e mescolare bene. Aggiungere l'olio vegetale quindi aggiungere $\frac{1}{2}$ tazza di acqua di coriandolo per formare l'impasto. Mettere l'impasto su un piano di lavoro e impastare per 5-7 minuti.. Lasciare riposare per circa 30 minuti..

4. Formate delle palline con l'impasto, adagiatele nella tortilla pressa una ad una. Pressate per formare le tortillas..

5.Preriscaldare una padella di ghisa a fuoco medio. Aggiungere le tortillas una per una e cuocere per circa 30-40 secondi per lato..

# QUESADILLA CIALDA

# 19. Quesadillas cialde verdi del Cile

**PRODOTTO:** Fa 2 quesadillas

## INGREDIENTI

Spray da cucina antiaderente

4 tortillas di farina

1 tazza di formaggio messicano grattugiato, come queso Chihuahua o Monterey Jack

$\frac{1}{4}$ di tazza di peperoncini verdi in scatola tritati

## INDICAZIONI

Preriscaldare la piastra per waffle a fuoco medio. Ricopri entrambi i lati della griglia per waffle con uno spray antiaderente.

Metti una tortilla sulla piastra per waffle e, facendo attenzione perché la piastra per waffle è calda, distribuisci metà del formaggio e metà dei peperoncini verdi in modo uniforme sulla tortilla, lasciando un margine di circa un pollice attorno al bordo della tortilla. Coprire con un'altra tortilla e chiudere la piastra per cialde.

Controllare la quesadilla dopo 3 minuti. Quando il formaggio è sciolto e la tortilla ha dei segni di cialda marrone dorato, è pronta. Togliere la quesadilla dalla piastra per cialde.

# 20. Quesadilla al formaggio chorizo e waffle

Resa: da 2 a 4 porzioni

## INGREDIENTI

1 lime, spremuto

1/4 cipolla rossa piccola, affettata sottilmente

Pizzicare il sale kosher

1 cucchiaino di olio vegetale, più altre tortillas per spennellare

2 once di chorizo fresco, rimosso dagli involucri

Quattro tortillas di farina da 6 a 8 pollici

2/3 di tazza di Cheddar grattugiato

Salsa, panna acida e avocado tritato, per servire

## INDICAZIONI

Unisci il succo di lime, le cipolle e il sale in una piccola ciotola non reattiva, mescolando di tanto in tanto. Lasciate riposare a temperatura ambiente finché le cipolle non saranno rosate, circa 15 minuti.

Scaldare l'olio in una padella antiaderente media a fuoco medio-alto. Aggiungere il chorizo e cuocere, rompendolo con un cucchiaio di legno, fino a doratura, circa 3 minuti.

Preriscalda una piastra per waffle a una temperatura medio-alta. Spennellare un lato di 2 tortillas con olio e adagiarle con il lato asciutto rivolto verso l'alto su un piano di lavoro. Cospargere ciascuno con 1/3 di tazza di formaggio, quindi le cipolle sottaceto. Infarinare con le restanti tortillas e spennellare la superficie con olio.

Mettere 1 quesadilla nella piastra per cialde, chiudere delicatamente (non spingere verso il basso) e cuocere fino a doratura e il formaggio si scioglie, da 4 a 6 minuti. Ripeti con la quesadilla rimanente. Tagliare le quesadillas a spicchi e ricoprire con il chorizo. Servire con salsa, panna acida e avocado.

# 21. Quesadilla con waffle di salsiccia di Santa fe

Rendimento: 5

## INGREDIENTI

1 scatola di collegamenti di salsiccia di pollo (10 collegamenti)

10 gusci di tortilla

1 dozzina di uova

1/4c di peperoni (a dadini)

1/4c Cipolla (a dadini)

1 1/2c di formaggio Jack monetario o formaggio a scelta

Avocado affettato per guarnire

Chipotle Ranch o Salsa per immersione


## INDICAZIONI

In una padella capiente, sbattete le uova con i peperoni, la cipolla e il condimento a dadini. Siediti di lato.

Taglia a metà ogni collegamento di salsiccia di pollo marrone dorato naturale Jones Dairy Farm. Metti da parte.

Preriscalda la tua macchina per waffle e spruzzala con un po' di olio per evitare che si attacchi.

Metti una tortilla nella macchina per waffle, quindi assembla in questo ordine:

Aggiungere circa 3/4 tazza di uova strapazzate

Aggiungere un po' di formaggio

Aggiungere 4 salsicce di pollo tagliate a metà

Completare con un po' più di formaggio

Aggiungi un altro guscio di tortilla sopra

Chiudete la vostra macchina per waffle e cuocete per 2-3 minuti.

Immergiti nel ranch o nella salsa di chipotle.

# COLAZIONE QUESADILLA

## 22. Colazione Quesadilla

## INGREDIENTI

1 tazza (240 ml) di sostituto dell'uovo
$\frac{1}{4}$ di tazza (56 g) di salsa
$\frac{1}{4}$ di tazza (30 g) di formaggio cheddar a basso contenuto di grassi, grattugiato
8 tortillas di mais

## INDICAZIONI

Sbattere il sostituto delle uova, mescolando con salsa e formaggio quando è quasi rappreso. Spruzzare leggermente un lato delle tortillas con dell'olio d'oliva spray antiaderente e metterne 4 su una teglia con la parte unta verso il basso. Dividere il composto di uova tra le tortillas, stendendolo a spessore uniforme. Ricoprire con le restanti tortillas, con la parte oleata rivolta verso l'alto. Grigliate le quesadillas per 3 minuti per lato, o finché non saranno ben riscaldate e dorate. Tagliare in quarti per servire.

## 23. Poblano al formaggio e quesadilla di bacon

SERVE: 4

## INGREDIENTI

4 fette di pancetta a fette spesse, tagliate a quarti

2 peperoni poblano, privati dei semi e affettati sottilmente

8 grandi tortillas di farina

1 tazza di formaggio Jack di peperoni grattugiati

1 tazza di spinaci novelli freschi, tritati grossolanamente

1 tazza di formaggio cheddar grattugiato

2 cucchiai di olio extravergine di oliva

Salsa di ananas Jalapeño sottaceto

## INDICAZIONI

Metti la pancetta in una padella larga fredda a fuoco medio. Cuocere fino a quando il grasso non si sarà sciolto e la pancetta sarà croccante, da 4 a 5 minuti. Trasferire la pancetta su un piatto foderato di carta assorbente per scolare, riservando il grasso nella padella.

Riportare la padella sul fuoco, aggiungere i poblanos e cuocere finché non saranno morbidi, circa 5 minuti. Trasferisci i peperoni in una piccola ciotola.

Disporre 4 tortillas su un piano di lavoro pulito. Cospargere ciascuno con $\frac{1}{4}$ di tazza di formaggio Jack al pepe, quindi dividere uniformemente gli spinaci, i peperoni e la pancetta tra le 4 tortillas. Finisci ciascuno con ¼ di tazza di formaggio cheddar e un'altra tortilla.

Pulite la padella e scaldate l'olio d'oliva a fuoco medio. Quando l'olio luccica, aggiungete le quesadillas, una alla volta. Cuocere fino a quando il fondo è croccante e dorato, circa 2 minuti, quindi girare delicatamente e cuocere fino a quando la tortilla non sarà dorata e il formaggio si sarà sciolto, da 2 a 3 minuti in più.

Servire caldo con salsa a fianco.

## 24. Quesadillas vegetariani al formaggio

Resa: 4 porzioni

## INGREDIENTI

1 cucchiaio di olio vegetale

1/2 cipolla Vidalia media, tagliata a dadini

8 once di funghi champignon bianchi, tagliati a dadini

1 spicchio d'aglio, tritato

1 tazza di chicchi di mais congelati

3 tazze di spinaci novelli freschi, tritati

1/4 cucchiaino di pepe nero

1/4 cucchiaino di cumino

2 tortillas integrali da 10 pollici

1/3 tazza di formaggio cheddar magro grattugiato

1/2 tazza di yogurt greco senza grassi

Scorza e succo di 1/2 lime

1/8 cucchiaino di pepe di Caienna (facoltativo)

## INDICAZIONI:

In una padella capiente, scaldare l'olio a fuoco medio. Soffriggere la cipolla, i funghi e l'aglio per 5-6 minuti, o finché non si ammorbidiscono. Cuocere per altri 1-2 minuti dopo aver aggiunto il mais, gli spinaci, il pepe e il cumino. Togliere la padella dal fuoco.

Componete le quesadillas: Per fare le tortillas mettetele su un'area di lavoro pulita. Distribuire uniformemente il composto di verdure cotte su metà di ogni tortilla.

Cospargere uniformemente il formaggio sopra le verdure. Piegare e premere la metà rimanente della tortilla sopra.

Preriscaldare una piastra a fuoco basso. Spruzzare le quesadillas con spray da cucina e adagiarle sopra.

Grigliare 3-4 minuti per lato, o finché il formaggio non si sarà sciolto e leggermente dorato.

Unisci lo yogurt greco, 1/2 scorza e succo di lime e il pepe di Cayenna in una ciotolina (se lo usi).

Tagliate le quesadillas e servitele con sopra il composto di yogurt. Divertiti!

# 25. Quesadilla di anatra al barbecue e funghi selvatici

Resa: 4 porzioni

## INGREDIENTI

$\frac{1}{2}$ tazza di cosce d'anatra alla brace; carne prelevata dall'osso da 2 cosce d'anatra senza pelle

1 tazza di salsa barbecue del New Mexico

$\frac{1}{2}$ tazza di brodo di pollo

$\frac{1}{2}$ tazza di cappucci di funghi shiitake grigliati, grigliati

3 tortillas di farina (6 pollici).

Jack Monterey grattugiato da $\frac{1}{4}$ di tazza

$\frac{1}{4}$ tazza Cheddar bianco grattugiato

Sale e pepe macinato fresco

$\frac{1}{2}$ tazza di salsa di mango piccante

## INDICAZIONI

Mettere le gambe in una casseruola e spennellare la salsa. Versare il brodo intorno alle gambe. Coprite e infornate per 3 ore a 300 gradi, bagnando con salsa BBQ ogni 30 minuti. Lasciar raffreddare e togliere la carne d'anatra.

Preparare un fuoco di legna o di carbone e lasciarlo bruciare fino alla brace.

Disporre 2 tortillas sul piano di lavoro. Spalmare su ciascuno metà dei formaggi, dell'anatra e dei funghi e condire a piacere con sale e pepe. Impilare i 2 strati, coprire con la tortilla rimanente, spennellare con 1 cucchiaio di olio e cospargere uniformemente di peperoncino in polvere. Può essere preparato in anticipo fino a questo punto e refrigerato. Grigliare per 3 minuti per lato, o fino a quando le tortillas non saranno leggermente croccanti e il formaggio si sarà sciolto.

Tagliare in quarti e servire caldo, guarnito con la salsa.

# 26. Quesadillas veloci e stravaganti

## INGREDIENTI

2 tortillas da 10 pollici

2 cucchiai di salsa per pizza

1 oncia di formaggio cheddar grattugiato

1 oncia di mozzarella grattugiata

8 fette di peperoni

Spray da cucina

## INDICAZIONI:

Friggere i peperoni in una padella di media grandezza fino a renderli croccanti. Togliere dalla padella e mettere da parte. Pulisci la padella con un tovagliolo di carta.

Disponete una tortilla su un piatto e spalmateci sopra due cucchiai di salsa per pizza.

Cospargere metà del formaggio cheddar grattugiato e della mozzarella sopra la salsa.

Disporre i peperoni fritti sopra il formaggio.

Cospargere il formaggio rimanente sui peperoni e coprire con la tortilla rimanente.

Spruzzare la padella con spray da cucina e preriscaldare a fuoco medio.

Metti con cura la quesadilla in una padella e cuoci tre o quattro minuti per lato o finché il formaggio non si scioglie e le tortillas sono leggermente dorate e croccanti.

# QUESADILLA IN STILE CASALINGHI

## 27. Quesadilla di ricotta di spinaci

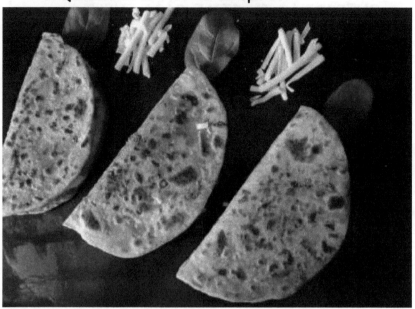

3 servizi

## INGREDIENTI

10-15 foglie di Spinaci tritate

2 tazze di farina di frumento

Sale a piacere

150-200 g di ricotta (Paneer)

1 piccolo peperoncino tritato finemente

1 pomodoro piccolo tritato finemente

1 piccola cipolla tritata finemente

1 cucchiaino di peperoncino rosso in polvere

1 cucchiaino di coriandolo in polvere

1/2 cucchiaino di curcuma in polvere

1 cucchiaino di garam masala

1 cucchiaino di Kasuri methi

1 cucchiaino di mango in polvere secco

2 cucchiai di olio per legare l'impasto

2 cucchiaini di olio per Paneer Stuff

2 cucchiaini di semi di cumino

Ghee per arrostire la Quesadilla

## INDICAZIONI

Prendere la farina di frumento aggiungere le foglie di spinaci tritati, il sale, 2 cucchiai di olio e 1 cucchiaino di semi di cumino e legare l'impasto semi morbido e far riposare per 15-20 minuti minimo

Ora preparate il ripieno di ricotta.. Prendete la padella, aggiungete olio e cumino e ora fate rosolare la cipolla, il pomodoro e i peperoni uno per uno

Soffriggere ogni cosa ora aggiungere sale e tutte le spezie a loro ora aggiungere il paneer tritato e infine aggiungere Kasuri methi e mescolarli bene e tenerli da parte

Ora preparate la Quesadilla di media grandezza dall'impasto e arrosto girando entrambi i lati

Riempire il ripieno di Paneer aggiungere il formaggio se piace e di nuovo arrostirli nel burro chiarificato fino a quando non saranno dorati e croccanti

# 28. Quesadillas di mele e formaggio

15 minuti

## INGREDIENTI

1/4 tazza di zucchero di canna, confezionato

1/4 tazza di burro

1 cucchiaino di cannella in polvere

1/4 cucchiaino di noce moscata macinata

1/4 cucchiaino di pimento macinato

1/4 cucchiaino di zenzero macinato

1/4 di cucchiaino di sale

2 mele Honeycrisp, sbucciate, private del torsolo e affettate sottilmente

2 tortillas di farina acquistate in negozio

100 g di groviera (o altro formaggio fondente e dolce)

## INDICAZIONI

Aggiungere lo zucchero di canna e il burro in una piccola casseruola. Mettiamo sul fuoco basso e facciamo sciogliere lo zucchero e il burro. Aggiungere le spezie, il sale e le mele e alzare il fuoco a medio-basso. Cuocete per circa 10 minuti, mescolando di tanto in tanto, fino a quando le mele non saranno morbide ma non mollicce. Togliete la pentola dal fuoco e lasciate riposare qualche minuto fino a temperatura ambiente.

Versare una piccola noce di burro in una grande padella antiaderente a fuoco medio-basso. Adagiare in una tortilla e cospargere metà del formaggio solo su un lato della tortilla. Aggiungere sopra metà delle mele cotte, quindi piegare l'altra metà della tortilla a formare una mezza luna. Lasciate friggere per 1 o 2 minuti finché non saranno croccanti e dorate, quindi capovolgete con cura e fate rosolare l'altro lato. Ripetere per la seconda tortilla. Tagliare le tortillas fritte in 2 o 3 pezzi e servire con un filo di caramello di mele.

## 29. Quesadilla di patate

Fa 8 quesadilla

**INGREDIENTI**

**PER LA PASTELLA**

2 tazze di farina

2 cucchiai di zucchero

1 cucchiaino di sale

2 cucchiai di olio

2 tazze d'acqua

**PER IL RIPIENO**

2 tazze di patate cotte

Condimento a cubetti

Cumino

Coriandolo

Paprica

Pasta di zenzero/aglio

Pepe nero

Curry

Prezzemolo

Pepe verde

Cappello scozzese

Formaggio mozzarella

## INDICAZIONI

Amalgamare tutti gli ingredienti per la pastella. In una padella aggiungete l'olio e versate la pastella, poi friggetela girandola da entrambi i lati fino a cottura ultimata

Purè di patate e aggiungere prezzemolo, bonnet scozzese, peperone verde e spezie e cubetto di condimento. Amalgamare il tutto fino ad ottenere un composto omogeneo

Aggiungere il ripieno per avvolgere e mettere il formaggio, quindi coprire e scaldare su una padella in modo che il formaggio si sciolga per 2 minuti.

# 30. Panini quesadillas, piadine e pita

SERVE 4

## INGREDIENTI

12 once di capra fresca3 spicchi d'aglio, tritati

Circa 1 pollice di zenzero fresco, tritato grossolanamente (circa 2 cucchiaini)

3-4 cucchiai di foglie di menta fresca tritate grossolanamente

3-4 cucchiai di coriandolo fresco tritato grossolanamente

3 cucchiai di yogurt bianco

$\frac{1}{2}$ cucchiaino di zucchero, o qb Grande pizzico di sale

Diversi buoni frullati di Tabasco o altra salsa piccante, oppure $\frac{1}{2}$ peperoncino fresco tritato

8 tortillas di farina

Formaggio con crosta come Lezay o Montrachet, affettato da $\frac{1}{2}$ a $\frac{3}{4}$ di pollice di spessore

Olio d'oliva per spennellare le tortillas

## INDICAZIONI

In un robot da cucina o in un frullatore frullare l'aglio con lo zenzero, quindi aggiungere la menta, il coriandolo, lo yogurt, lo zucchero, il sale e la salsa piccante. Sbattere fino a formare una pasta verde, leggermente grossolana.

Disporre 4 tortillas e spalmarle prima con il composto di coriandolo e menta, poi uno strato di formaggio di capra e guarnire con le altre tortillas.

Spennellare leggermente l'esterno di ogni panino con olio d'oliva e cuocere, uno alla volta, in una padella antiaderente pesante a fuoco medio. Rosolate per qualche minuto, finché non saranno leggermente dorate a chiazze, premendole un po' con la spatola mentre cuociono.

Capovolgere con attenzione usando la spatola; quando il secondo lato è macchiato di marrone e oro, il formaggio dovrebbe essere sciolto. Togliere dalla padella e tagliare a spicchi.

Servire subito.

# 31. Quesadillas su tortillas di zucca

SERVE 4

## INGREDIENTI

2 grandi peperoncini verdi delicati come Anaheim o poblano o 2 peperoni verdi

1 cipolla, tritata

2 spicchi d'aglio, tritati

1 cucchiaio di olio extravergine di oliva

1 libbra di carne macinata magra

$1/8$—$\frac{1}{4}$ cucchiaino di cannella in polvere, oa piacere

$\frac{1}{4}$ cucchiaino di cumino macinato Un pizzico di chiodi di garofano macinati o pimento

$1/3$ tazze di sherry secco o vino rosso secco

$\frac{1}{4}$ tazza di uvetta

2 cucchiai di concentrato di pomodoro

2 cucchiai di zucchero

Qualche frullato di vino rosso o aceto di sherry

Sale

Pepe nero

Qualche frullato di pepe di Caienna o Tabasco se si usano i peperoni invece dei peperoncini

$\frac{1}{4}$ tazza di mandorle tritate grossolanamente

2-3 cucchiai di coriandolo fresco tritato grossolanamente, più un extra per guarnire

8 tortillas di zucca

6-8 once di formaggio dolce come Jack, manchego o Mezzo Secco

Olio d'oliva per spennellare le tortillas

Circa 2 cucchiai di panna acida per guarnire

## INDICAZIONI

Arrostire i peperoncini o i peperoni a fuoco vivo fino a quando non saranno leggermente carbonizzati e uniformemente dappertutto. Metti in un sacchetto di plastica o in una ciotola e copri. Mettere da parte per almeno 30 minuti, poiché il vapore aiuta a separare le bucce dalla polpa.
Preparare il picadillo: soffriggere la cipolla e l'aglio nell'olio d'oliva a fuoco medio fino a quando non si ammorbidiscono, quindi aggiungere la carne di manzo e cuocere insieme, mescolando e spezzettando la carne durante la cottura. Quando la carne sarà rosolata a punti, cospargetela con la cannella, il cumino e i chiodi di garofano e continuate la cottura mescolando. Aggiungere lo sherry, l'uvetta, il concentrato di pomodoro, lo zucchero e l'aceto. Cuocete insieme per circa 15 minuti,

mescolando ogni tanto; se sembra asciutto, aggiungi un po'
d'acqua o più sherry. Condire con sale, pepe e pepe di Caienna e
regolare lo zucchero e l'aceto a piacere. Aggiungere le mandorle
e il coriandolo e mettere da parte.

Eliminate la pelle, il gambo e i semi ai peperoni, quindi tagliateli a
listarelle.

Disporre 4 tortillas e spalmarle con il picadillo. Aggiungere le
strisce di peperoni arrostiti, poi uno strato di formaggio e
guarnire ciascuno con una seconda tortilla. Premere con
decisione per tenerli insieme.

Scaldare una padella antiaderente pesante a fuoco medio-alto.
Spennellate leggermente la parte esterna delle quesadillas con
olio d'oliva e aggiungetele nella padella, lavorando poco alla volta.
Abbassare la fiamma a medio-bassa, farla dorare da un lato,
quindi girare con attenzione usando la spatola guidando la mano
se necessario. Cuocere sul secondo lato fino a doratura a punti e
il formaggio si scioglie.

Servire immediatamente, tagliato a spicchi, guarnito con una
cucchiaiata di panna acida e coriandolo.

# 32. Quesadillas di formaggio di pecora alla griglia

SERVE 4

## INGREDIENTI

8 grandi tortillas di farina

1 cucchiaio di dragoncello fresco tritato

2 grandi pomodori maturi, affettati sottilmente

8-10 once di formaggio di pecora leggermente secco

Olio d'oliva, per spennellare le tortillas

## INDICAZIONI

Stendete le tortillas su un piano di lavoro, spolverizzate con il dragoncello e spolverizzate con i pomodori. Coprite con il formaggio e coprite ciascuno con una seconda tortilla.
Spennellare ogni panino con olio d'oliva e scaldare una padella antiaderente pesante o una griglia piatta a fuoco medio.
Lavorando 1 alla volta, cuocete la quesadilla da 1 lato; quando sarà leggermente macchiato di colore dorato e il formaggio si sta sciogliendo, giratelo e cuocetelo dal secondo lato, premendo durante la cottura per appiattirlo.
Servire subito, tagliato a spicchi.

# 33. Crostata di antipasto Cile e formaggio

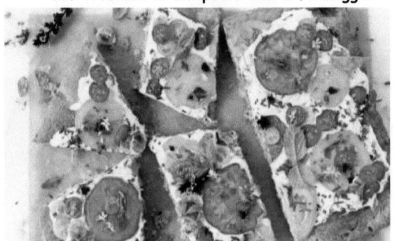

Resa: 16 porzioni

## INGREDIENTE

15 once di croste di torta refrigerate Pillsbury; 1 confezione

1 tazza di formaggio cheddar grattugiato

1 tazza di formaggio monterey jack tritato

4 once di peperoncini verdi tritati Old el paso; prosciugato

$\frac{1}{4}$ cucchiaino di peperoncino in polvere

1 tazza di salsa Old el paso thick 'n chunky

## INDICAZIONI

Lasciare riposare entrambi i sacchetti della crosta a temperatura ambiente per 15-20 minuti.

Riscaldare il forno a 450 F. Aprire una crosta su una teglia non unta; rimuovere i fogli di plastica ed estrarre le linee di piegatura. Cospargere i formaggi sulla crosta fino a $\frac{1}{2}$ pollice dal bordo; cospargere di peperoncini verdi. Dispiegare la crosta rimanente; rimuovere i fogli di plastica ed estrarre le linee di piegatura. Mettere sopra i peperoncini.

Sigillare i bordi con la forchetta; Bucherellare generosamente la crosta superiore con la forchetta. Cospargere con peperoncino in polvere.

Cuocere a 450 F. per 10-15 minuti o fino a doratura. Lasciar riposare 5 minuti. Tagliare a spicchi; servire con salsa.

## 34. Quesadillas di pollo e formaggio

Resa: 6 porzioni

## INGREDIENTE

1 confezione di formaggio Monterey Jack grattugiato (8 once)

1 confezione di mozzarella grattugiata (8 oz)

6 tortillas di farina grandi

$\frac{1}{4}$ libbre Formaggio di capra

$\frac{3}{4}$ tazza di petto di pollo grigliato tritato

$\frac{1}{2}$ tazza di basilico fresco tritato

fagioli neri e salsa di mais

## INDICAZIONI

Mettere i formaggi Jack e la mozzarella in un sacchetto di plastica per alimenti o in una ciotola con la parte superiore e agitare per unire. Disporre 3 tortillas su un piatto adatto al microonde. Cospargere la miscela di formaggio sulle tortillas. Cospargere con formaggio di capra e pezzi di pollo, cospargere di basilico sopra con le restanti tortillas. Microonde 1-2 minuti su ALTO, girando una volta. Servire subito con salsa di fagioli neri e mais.

## 35. Quesadillas di garbanzo (quesadillas de garbanzo)

Resa: 1 porzione

## INGREDIENTE

2 tazze di Masa de maiz

1 tazza di ceci cotti; (Ceci)

2 Anchos al peperoncino rosso

1 tazza di Queso affresco;

1 tazza di panna acida

Lardo

Sale e pepe

## INDICAZIONI

Mettere a bagno, cuocere e sbucciare i ceci.

Svuotare, immergere e liquefare i peperoncini. Mescolare i ceci con il peperoncino e la pasta di mais. Aggiungi sale e pepe.

Formate delle piccole tortillas e mettete al centro una piccola quantità di formaggio. Ripiegatele in quesadillas e friggetele nello strutto. Servire con panna acida.

# 36. Quesadillas di pollo piccanti e piccanti

Resa: 4 porzioni

## INGREDIENTE

2 cucchiaini di olio d'oliva

2 Petti di pollo disossati, tagliati a listarelle

2 cucchiai di salsa al peperoncino

1 peperoncino jalapeno, privato dei semi e tagliato a dadini

4 tortillas di farina da otto pollici

1 tazza di formaggio cheddar grattugiato

4 cucchiaini di olio di canola o olio vegetale semplice

## INDICAZIONI

Preriscaldare la piastra Calphalon Solo a fuoco medio sopra il fornello. Aggiungere l'olio d'oliva nella padella calda. Mettere le strisce di pollo, la salsa al peperoncino e il peperoncino jalapeno nella padella e far rosolare fino a cottura, ca. 3-5 minuti. Rimuovere e prenotare.

Mettere il composto di pollo su una metà di ciascuna delle 4 tortillas di farina. Cospargete di formaggio e piegate a formare un semicerchio.

Ancora una volta, preriscalda la piastra Calphalon Solo a livello medio. Ungete la superficie di cottura con un cucchiaino di olio di canola. Disporre una tortilla ripiena sul piano di cottura. Cuocere fino a doratura. Giro. Ripeti con le altre tre tortillas. Tagliare ogni tortilla in tre spicchi e servire con salsa e fagioli neri.

# 37. Le quesadillas di Landon

Resa: 4 porzioni

## INGREDIENTE

1 avocado; sbucciato e tagliato a dadini

1 succo di un limone

1 cucchiaino di aglio tritato

1 sale; assaggiare

1 pepe nero macinato fresco; assaggiare

8 tortillas di farina

1 tazza di purea di fagioli neri

4 once di formaggio monterey jack

1 olio d'oliva

$\frac{1}{2}$ tazza di salsa preparata

$\frac{1}{2}$ tazza di panna acida

## INDICAZIONI

Preriscaldare il forno a 400 gradi. Unire l'avocado, il succo di limone e l'aglio in una terrina. Utilizzando una forchetta, schiacciate il composto fino a renderlo liscio ma ancora grosso. Condite il guacamole con sale e pepe.

Spalmare $\frac{1}{4}$ di tazza di purea di fagioli neri sul fondo di una tortilla.

Cospargere $\frac{1}{4}$ del formaggio sulla purea di fagioli neri. Adagiare una seconda tortilla sopra il formaggio. Ripeti il processo fino a quando tutti gli ingredienti sono stati utilizzati e hai quattro quesadillas. Disporre le quesadillas su una teglia foderata di carta da forno. Cuocere le quesadillas per circa 4-6 minuti o finché il formaggio non si sarà sciolto. Togliere la teglia dal forno e metterla su un tagliere.

Tagliate ogni quesadilla in quarti. Guarnire le quesadillas con il guacamole, la salsa e la panna acida.

# 38. Quesadillas di fagioli borlotti e feta

Resa: 8 porzioni

## INGREDIENTE

16 once di fagioli borlotti; prosciugato

$\frac{3}{4}$ tazza di cipolle rosse; tritato

$\frac{1}{2}$ tazza di prezzemolo; tritato finemente

1 peperoncino jalapeno; tritato finemente

$1\frac{1}{2}$ cucchiaino di peperoncino in polvere

$\frac{1}{2}$ cucchiaino di cumino macinato

8 Tortillas di farina

4 cucchiai di feta; sbriciolato

1 cucchiaino di olio di canola

Panna acida senza grassi

Salsa fresca

## INDICAZIONI

Unire i primi sei ingredienti nel processore. Usando i turni di accensione/spegnimento, lavora fino a ottenere un composto molto grosso. Condire con sale e pepe. (Può essere preparato 1 giorno prima, coprire e raffreddare.)

Disporre 1 tortilla sul piano di lavoro. Spalmare con un po' di composto di fagioli. Coprire con la feta e piegare a metà. Scaldare una padella antiaderente e spruzzare con spray vegetale. Aggiungere $\frac{1}{4}$ di cucchiaino di olio e la quesadilla. Cuocere fino a quando i fagioli non saranno ben riscaldati, circa 4 minuti per lato. Ripetere con altre tortillas.

Tagliare a spicchi e servire con salsa e una cucchiaiata di panna acida senza grassi.

## 39. Quesadillas barbecue

Resa: 4 porzioni

## INGREDIENTE

2 spicchi d'aglio

1 cucchiaino di olio vegetale

16 once Pulled pork, tritato finemente

2 cucchiaini di basilico, essiccato

$\frac{1}{2}$ cucchiaino di pepe nero

1 cucchiaio di burro, ammorbidito

4 tortillas di farina, (8 pollici)

2 tazze di formaggio Monterey Jack Kraft, tagliuzzato

## INDICAZIONI

Durante la scansione delle ricette Quick Cooking di Taste of Home che mi hanno inviato, ho trovato le ricette rapide di seguito. Li ho modificati entrambi per soddisfare i miei gusti e li ho provati entrambi ieri sera. Mi ci sono voluti circa 30 minuti per preparare e servire entrambi. Si sono complimentati a vicenda ed erano così gustosi, voglio condividerli.

Soffriggete l'aglio in una padella media finché non sarà tenero. Unire il roast beef o il petto di maiale tritati finemente, il basilico e il pepe. Cuocere a fuoco medio fino a quando non sarà ben caldo.

Nel frattempo, spalmate il burro su un lato di ogni tortilla. Disporre le tortillas, con il lato imburrato rivolto verso il basso, su una piastra. Spolverizzate ciascuno con $\frac{1}{2}$ tazza di formaggio. spalmare $\frac{1}{2}$ tazza di miscela di carne affumicata su $\frac{1}{2}$ di ciascuna tortilla, piegare e cuocere a fuoco basso per uno o due minuti per lato.

Tagliare a spicchi; servire con salsa o quacamole.

# 40. quesadilla italiane

Resa: 4 porzioni

## INGREDIENTE

4 Pomodorini, tagliati a dadini

½ tazza di foglie di basilico, tagliate a striscioline

¼ tazza di olio d'oliva

Aceto balsamico

Sale e pepe

1 libbra di mozzarella appena grattugiata, parzialmente scremata o latte intero

½ tazza di ricotta, parzialmente scremata o di latte intero

4 Cipolle verdi mondate, affettate sottilmente

¼ di tazza di olive snocciolate con olio, affettate finemente

1 tazza di cuori di carciofi marinati, tritati finemente

Fiocchi di peperoncino tritato, a piacere

8 Tortillas di farina

Olio vegetale, per cuocere le quesadillas, facoltativo

¼ tazza di pinoli tostati, facoltativi

## INDICAZIONI

In una terrina unire i pomodori, il basilico, l'olio d'oliva e condire a piacere con aceto balsamico, sale e pepe.

In una terrina unire la mozzarella, la ricotta, il cipollotto, le olive ei cuori di carciofo; condite con sale e scaglie di peperoncino tritato.

Spalmare un po' di composto su metà di ogni tortilla, lasciando circa ¼ di pollice tra il ripieno e il bordo della tortilla. Piega ogni tortilla a metà. Friggere le tortillas in poco olio vegetale per circa un minuto per lato fino a quando non saranno dorate e il formaggio si sarà sciolto; tenere in caldo a forno basso fino al momento di servire. Guarnire con pomodori e basilico e pinoli.

Un modo alternativo per farlo è preriscaldare il forno a 450 gradi. Distribuire il ripieno su tutta la superficie delle tortillas senza piegarle. Adagiateli su una teglia e infornate per 5 minuti o fino a quando il formaggio non si sarà sciolto. Ripiegare e servire con il topping.

Particolarmente buono per i bambini: mettere da parte un po' di mozzarella mescolata con la ricotta e farcire le tortillas per bambini con questo piuttosto che con il ripieno più elaborato.

# 41. Torta quesadilla impossibile

Resa: 6 porzioni

## INGREDIENTE

2 lattine Peperoncini verdi

4 once. prosciugato

4 tazze di formaggio cheddar grattugiato

2 tazze di latte

1 tazza di Bisquit

4 uova

## INDICAZIONI

Riscaldare il forno a 425. Ungere una teglia da 10 pollici. Cospargere i peperoncini e il formaggio nel piatto. Sbattere gli ingredienti rimanenti fino a che liscio, 15 sec. nel frullatore ad alta velocità o 1 min. con frusta a mano. Versare in una tortiera. Cuocere per circa 25-30 minuti o fino a quando un coltello inserito al centro esce pulito. Raffreddare 10 minuti. Servire con panna acida e quacamole.

# 42. Quesadillas di patate e peperoni arrostiti

Resa: 6 porzioni

## INGREDIENTE

2 patate medie

1 peperone rosso medio

1 peperoncino Jalapeno grande

2 cucchiaini di olio vegetale

1 Cipolla piccola; tagliato a dadini

2 spicchi d'aglio; tritato

1 cucchiaio di succo di lime; o aceto di vino rosso

1 cucchiaio di coriandolo tritato

$\frac{1}{2}$ tazza di formaggio Cheddar a cubetti magro

Sale e pepe nero

4 medie tortillas di farina senza grassi; diametro di sei pollici

## INDICAZIONI

Lessare o cuocere a vapore le patate per 35 minuti o fino a quando sono tenere. Lasciateli raffreddare, poi sbucciateli e tagliateli a ottavi.

Tagliare a metà verticalmente i peperoni e i peperoncini ed eliminare i gambi, i semi e le membrane. Taglia ogni estremità in modo che i peperoni siano il più piatti possibile, quindi posiziona le metà con la pelle rivolta verso l'alto su una griglia da carne e posiziona la griglia vicino alla griglia. Cuocere i peperoni alla griglia finché le bucce non sono uniformemente carbonizzate e la polpa è tenera, per circa 10 minuti. Scolare, mettere i peperoni in un sacchetto di carta o in un contenitore coperto e sigillare. Mettere da parte 15 minuti per cuocere a vapore e raffreddare. (Questo rende i peperoni più facili da sbucciare.) Con un coltello da cucina, staccare ed eliminare la pelle carbonizzata, quindi tagliare i peperoni a cubetti.

Preriscaldare il forno a 450 gradi. Scaldare l'olio in una larga padella antiaderente a fuoco medio-alto. Aggiungere le cipolle, l'aglio e le patate e far rosolare finché le cipolle e le patate non saranno leggermente dorate. Trasferire in una ciotola e schiacciare brevemente. Aggiungere i peperoni, il succo di lime, il coriandolo e il formaggio. Condite con sale e pepe e mescolate bene.

Disporre 2 tortillas su una teglia non unta. Mettere metà della miscela di patate su ciascuna e, con una spatola, tamponare con decisione fino a $\frac{1}{2}$ pollice dal bordo della tortilla. Coprire ogni tortilla con una seconda e premere saldamente in posizione. Cuocere 5 minuti per lato. Tagliare ogni pila di tortilla in 6 spicchi e servire calda.

## 43. Quesadillas di pollo veloci

Resa: 1 porzione

## INGREDIENTE

4 tortillas di farina grandi

$\frac{1}{2}$ tazza di fagioli fritti in scatola

$\frac{1}{2}$ tazza di salsa

$\frac{3}{4}$ libbre Carne di pollo arrosto; tritato

4 cipolle verdi; tritato

1 tazza di formaggio cheddar

$\frac{1}{2}$ tazza di panna acida senza grassi

2 tazze di lattuga; sminuzzato

2 pomodori medi; tritato

Preparazione: 10 min, Cottura: 5 min.

## INDICAZIONI

Accendi la griglia. Disporre le tortillas su una teglia. Distribuire
i fagioli fritti sulle tortillas. Aggiungere la salsa, quindi strati
con pollo, cipolle e formaggio.

Mettere la teglia sotto la griglia per 1-2 minuti o fino a quando il formaggio si scioglie e le tortillas sono croccanti. Servire condito con panna acida, lattuga e pomodori.

## 44. Quesadillas di fagioli e mais fritti

Resa: 4 porzioni

## INGREDIENTE

$\frac{1}{2}$ tazza di chicchi di mais congelati, scongelati

2 cucchiai di cipolla verde, affettata

$\frac{1}{4}$ cucchiaino di cumino

16 once di fagioli fritti (senza grassi)

8 tortillas di farina (senza grassi)

$\frac{3}{4}$ tazza di formaggio Cheddar, senza grassi

Spray da cucina per verdure

$\frac{1}{2}$ tazza di panna acida senza grassi

1 Jalapeno -- tritato

## INDICAZIONI

Unisci i primi quattro ingredienti in una ciotola media e mescola bene. Distribuire circa $\frac{1}{2}$ tazza di miscela di fagioli su ciascuna delle 4 tortillas e guarnire ciascuna con 3 cucchiai di formaggio e le restanti tortillas.

Rivestire una grande padella antiaderente con spray da cucina e metterla a fuoco medio-alto fino a quando non sarà calda.

Aggiungere 1 quesadilla e cuocere 3 minuti per lato, o fino a doratura. Togliere la quesadilla dalla padella, mettere da parte e tenere in caldo. Ripetere la procedura con le restanti quesadillas.

Tagliate ogni quesadilla in 4 spicchi. Servire caldo con panna acida. Guarnire con panna acida e jalepenos tritati.

# 45. Quesadillas di petto di manzo affumicato

Resa: 1 porzione

## INGREDIENTE

4 tortillas di farina da 8 pollici

1 tazza di formaggio Taco o misto di Colby e Monterey Jack

1 tazza di petto di manzo affumicato tagliuzzato; (oppure utilizzare roast beef cotto condito con condimento per barbecue di mesquite)

$\frac{3}{4}$ tazza di salsa o condimento a base di pomodoro grosso

guacamole

## INDICAZIONI

Preriscaldare la griglia per barbecue a temperatura media (350 gradi). Spennellare leggermente la margarina sciolta su un lato di ogni tortilla. Mettere la margarina rivolta verso il basso sulla griglia.

Dividere il formaggio in modo uniforme su metà di ogni tortilla, quindi manzo e salsa.

Piegare le tortillas sulla miscela di formaggio e grigliare per 30 secondi. Girare e grigliare per 1 minuto per sciogliere il formaggio e scaldare la carne.

Togliere dal fuoco. Tagliare ogni quesadilla in 3 pezzi e servire con guacamole e panna acida.

# QUESADILLAS MESSICANI AUTENTICI

## 46. Stile Quesadilla Luchito

TEMPO DI PREPARAZIONE 5 minuti

TEMPO DI COTTURA 5 minuti

SERVE 6

## INGREDIENTI

### CHORIZO CROCCANTE:

1 cucchiaino di olio d'oliva

60 g di chorizo da cucina, tritato finemente

1 cipolla rossa, affettata sottilmente

1 cucchiaino di Miele Chipotle Gran Luchito

### QUESADILLAS:

6 impacchi Gran Luchito Soft Taco

150 g di cheddar grattugiato

150 g di groviera grattugiato

1 vasetto di Salsa di Tomatillo Gran Luchito

## INDICAZIONI

Scaldare l'olio d'oliva in una padella a fuoco medio e soffriggere il chorizo e la cipolla.

Aggiungere il miele di chipotle e lasciarlo caramellare e leggermente croccante, quindi togliere la padella dal fuoco e mettere da parte.

Aggiungi una buona quantità di formaggio grattugiato e cipolle chorizo caramellate ai tuoi involtini di taco morbidi e piega a metà.

Cuocete le vostre quesadillas su una padella calda e lasciate che il calore faccia la sua magia fino a quando non saranno ben dorate su entrambi i lati e il formaggio si scioglie.

Servire con Salsa di Tomatillo Gran Luchito.

## 47. Quesadillas di fagioli e carne di maiale

Tempo di cottura: 5 minuti

Porzioni: 4


## INGREDIENTI

450 g di farina per tutti gli usi

3 cucchiai di grasso vegetale freddo

1 cucchiaino di sale

2 cucchiaini di lievito in polvere

375 ml di acqua

1 lattina (580 g) di fagioli al forno aromatizzati al barbecue e di maiale stirato

225 g di formaggio cheddar, tritato

125 ml di panna acida

2 cucchiaini di olio vegetale


## INDICAZIONI

1.Mescolare in una ciotola la farina, il sale, il lievito e il grasso vegetale.. Mescolare bene con le mani fino ad incorporare tutto.

2.Aggiungere lentamente l'acqua e lavorare l'impasto con le mani.. La farina dovrebbe assorbire il liquido, dovresti ottenere un impasto liscio..

3. Formare delle palline con l'impasto, metterle nella tortilla pressa una ad una. Pressare per formare le tortillas..

4.Preriscaldare una padella di ghisa a fuoco medio. Aggiungere le tortillas una ad una e cuocere per circa 30-40 secondi per lato..

5.Versare i fagioli in una ciotola e schiacciarli senza stringere con una forchetta.

6.Disporre le tortillas su una superficie piana e spennellare i bordi con acqua, quindi aggiungere i fagioli e il formaggio su metà lato di ciascuno. Piegare e premere i bordi per sigillare.

7.Scaldare l'olio in una padella a fuoco medio-alto, quindi friggere una tortilla dopo l'altra per circa 3 minuti per lato. Far raffreddare un po', servire con panna acida

## 48. Quesadillas di pollo cremose

Tempo di cottura: 15 minuti

Porzioni: 6

## INGREDIENTI

450 g di farina per tutti gli usi

3 cucchiai di grasso vegetale freddo

1 cucchiaino di sale

2 cucchiaini di lievito in polvere

375 ml di acqua

2 scatole di bocconcini di petto di pollo

1 lattina (300 g) di crema condensata di zuppa di pollo

113 g di formaggio cheddar, tritato

125 ml di panna acida

64 g di salsa

## INDICAZIONI

1.Mescolare in una ciotola la farina, il sale, il lievito e il grasso vegetale.. Mescolare bene con le mani fino ad incorporare tutto.

2.Aggiungere lentamente l'acqua e lavorare l'impasto con le mani.. La farina dovrebbe assorbire il liquido, dovresti ottenere un impasto liscio..

3. Formare delle palline con l'impasto, metterle nella tortilla pressa una ad una. Pressare per formare le tortillas..

4.Preriscaldare una padella di ghisa a fuoco medio. Aggiungere le tortillas una ad una e cuocere per circa 30-40 secondi per lato..

5.Preriscaldare il forno a 200°C. Mescolare la zuppa di pollo e il petto di pollo con il formaggio in una ciotola..

6. Tenere le tortillas su 2 teglie, quindi spennellare i bordi con acqua, versare il composto di pollo su metà lato di ciascuna tortilla. Piegare, premere i bordi per sigillare.

7. Cuocere per 10 minuti; servire con panna acida e salsa..

# 49. Involtini vegetariani al tofu e tahini

**Fa 4 impacchi**

## INGREDIENTI

8 once di tofu extra-duro, sgocciolato e tamponato

3 cipolle verdi, tritate

2 coste di sedano, tritate

1/2 tazza di prezzemolo fresco tritato

2 cucchiai di capperi

2 cucchiai di succo di limone fresco

1 cucchiaio di senape di Digione

1/2 cucchiaino di sale

1/8 cucchiaino di pepe di Cayenna macinato

4 tortillas di farina (10 pollici) o lavash

1 carota media, tritata

4 foglie di lattuga

## INDICAZIONI

In un robot da cucina, unire il tofu, la tahini, le cipolle verdi, il sedano, il prezzemolo, i capperi, il succo di limone, la senape, il sale e il pepe di Cayenna e frullare fino a quando non saranno ben amalgamati.

Per assemblare gli involtini, posizionare 1 tortilla su un piano di lavoro e distribuire circa 1/2 tazza della miscela di tofu sulla tortilla. Cospargete con la carota grattugiata e guarnite con una foglia di lattuga. Arrotolare bene e tagliare a metà in diagonale. Ripetere con gli altri ingredienti e servire.

## 50. Hummus Pitas decostruito

Fa 4 pita

## INGREDIENTI

1 spicchio d'aglio, schiacciato

$\frac{3}{4}$ tazza di tahini (pasta di sesamo)

2 cucchiai di succo di limone fresco

1 cucchiaino di sale

1/8 cucchiaino di pepe di Cayenna macinato

1/4 tazza d'acqua

11/2 tazze cotti o 1 (15,5 once) lattina di ceci, sciacquati e scolati

2 carote medie, grattugiate (circa 1 tazza)

4 pita (7 pollici), preferibilmente integrali, dimezzate

2 tazze di spinaci novelli freschi

## INDICAZIONI

In un frullatore o robot da cucina, tritare l'aglio. Aggiungere la tahina, il succo di limone, il sale, il pepe di Caienna e l'acqua. Lavorare fino a che liscio.

Mettere i ceci in una ciotola e schiacciarli leggermente con una forchetta. Aggiungere le carote e la salsa tahini tenuta da parte e mescolare per unire. Accantonare.

Versare 2 o 3 cucchiai di composto di ceci in ciascuna metà della pita. Infilate in ogni tasca una fetta di pomodoro e qualche foglia di spinaci e servite.

# 51. Impacchi mediterranei vegani

## INGREDIENTI

1 cetriolo medio

$\frac{1}{2}$ cucchiaino (più un paio di pizzichi) di sale

1 pomodoro medio a dadini

$\frac{1}{4}$ di cipolla rossa tagliata a dadini

$\frac{1}{4}$ di peperone verde tagliato a dadini

4 cucchiai di olive Kalamata tritate

1 vasetto (540 grammi / 19 oz..) di ceci

200 grammi di yogurt vegano

2 cucchiai di aneto fresco tritato

1 spicchio d'aglio tritato

1 cucchiaio di succo di limone

2 tazze (112 grammi) di lattuga tritata

4 tortillas grandi

## INDICAZIONI

Unire il cetriolo a cubetti, il pomodoro, la cipolla rossa, il peperone verde e le olive nere. Scolare e sciacquare i ceci e metterli in una ciotola. Schiacciateli con le mani o con una forchetta.

In una ciotola unire il cetriolo grattugiato, lo yogurt vegano, l'aneto, l'aglio, il succo di limone e un pizzico di sale e pepe. Aggiungere 3 cucchiai di tzatziki insieme a $\frac{1}{2}$ cucchiaino di sale e pepe. Mescolare bene.

Fare gli involtini con una manciata di lattuga, ceci schiacciati, verdure miste a dadini e qualche cucchiaio di tzatziki.

## 52. Shawarma vegano

## INGREDIENTI

1/3 di tazza (55 g) di ceci in scatola

2 cucchiai di lievito alimentare

Spezie

1 cucchiaio di salsa di soia

1/4 di tazza (65 g) di concentrato di pomodoro

1/3 di tazza (80 ml) di brodo vegetale

1 cucchiaino di senape di Digione

1/8 cucchiaini di fumo liquido

1 tazza (150 g) di glutine di frumento vitale

Marinata

6 impacchi

Lattuga grattugiata

## INDICAZIONI

Aggiungere i ceci, il lievito alimentare, le spezie, la salsa di soia, il concentrato di pomodoro, la paprika, il brodo vegetale, la senape di Digione e il fumo liquido nel robot da cucina e frullare fino a quando non saranno ben amalgamati.

Aggiungere il vitale glutine di frumento. Stendetelo su un piano di lavoro e dategli la forma di una grossa bistecca. Vapore

Mescolare la marinata e versarla sulle strisce di seitan. Friggere il seitan nella marinata,

Spalmare un po' di hummus piccante su una pita o avvolgere. Aggiungere la lattuga grattugiata e il cetriolo e il pomodoro affettati in un involucro, coprire con alcune strisce di seitan e finire con una cucchiaiata di tzatziki vegano.

# 53. Involtini vegan croccanti

Resa: 24 porzioni

## INGREDIENTI

5 carote, cotte

Sale

1 gambo di sedano; tritato finemente e cotto

Olio di arachidi o vegetale

olio di sesamo

3 cipolle grandi; tritato finemente

2 cipolle verdi; affettato sottile

3 peperoni rossi; tritato finemente

20 funghi shiitake; tritato finemente

1 mazzetto di foglie di coriandolo; tritato

1 confezione di involtini primavera; (11 once)

1 cucchiaio di amido di mais

## INDICAZIONI

Metti 2 cucchiaini di olio di arachidi e 2 cucchiaini di olio di sesamo in una grande padella riscaldata. aggiungere le cipolle tritate, le cipolle verdi affettate e i peperoni. Unire i funghi e cuocere per 2 o 3 minuti.

Aggiungere le carote, il sedano e il coriandolo e mescolare. Aggiustare di sale e pepe

Posizione 1 involucro. Spennellare l'uovo sbattuto nell'angolo superiore. Disporre ⅓ di miscela di riempimento della tazza in linea a 2 pollici dall'angolo inferiore. Avvolgere l'angolo sopra la miscela e tirare indietro per stringere.

Piegare su due lati e arrotolare fino alla fine dell'involucro. Friggere

# 54. Involtini di cavolo ripieni vegani

## INGREDIENTI

1 grande cavolo cappuccio congelato, scongelato

2 cucchiai di olio

1 Cipolla, tagliata a dadini

1 gambo di sedano, tagliato a dadini

2 cucchiai di peperone verde tagliato a dadini

2 cucchiai Farina

1 46 once lattina di succo di pomodoro

4 cucchiai di concentrato di pomodoro

$\frac{1}{2}$ tazza di zucchero

Dash sale, paprika, curry in polvere

2 tazze di riso cotto

2 foglie di alloro

1 mela grande, sbucciata e tagliata a dadini

$\frac{1}{4}$ tazza di uvetta dorata

## INDICAZIONI

In una padella scaldare l'olio e aggiungere la cipolla, il sedano e il peperone verde. Unire il condimento. Unite le verdure al riso e mescolate bene. Accantonare.

Riscaldare l'olio. Unire la farina e cuocere fino a doratura. Aggiungi gli altri ingredienti della salsa.

Aggiungere con cura gli involtini di cavolo cappuccio, mettendoli nel sugo uno alla volta. Cuocere per 2 ore.

Adagiate un cucchiaio di ripieno sulla nervatura della foglia, vicino alla base. Ripiegare la base della foglia sul ripieno e arrotolare una volta. Piegare i lati verso il centro per racchiudere e creare bordi dritti.

## 55. Involtini di nori vegani

Resa: 1 porzione

## INGREDIENTI

$\frac{1}{4}$ tazza di salsa di soia

2 cucchiaini di miele

1 cucchiaino di aglio tritato

1 cucchiaio di radice di zenzero grattugiata

1 libbra di tofu o tempeh extra-duro

2 cucchiai Aceto di riso

1 cucchiaio di zucchero superfino

2 tazze di riso integrale cotto a grana corta

2 scalogni tritati, solo la parte bianca

2 cucchiai Semi di sesamo tostati

5 Fogli nori

1 tazza di carote tritate finemente

10 foglie di spinaci freschi, al vapore

$1\frac{1}{2}$ tazza di germogli di erba medica

## INDICAZIONI

Unire la salsa di soia, il miele, l'aglio e lo zenzero. Aggiungere il tofu o il tempeh; marinare almeno 30 minuti.

Unire l'aceto di riso e lo zucchero. Aggiungere il riso e mantecare con scalogno e semi di sesamo; mescolare bene.

Metti un foglio di nori su carta oleata. composto a cucchiai al centro di nori. Piega

## 56. Pitas di tofu al curry

**Fa 4 panini**

## INGREDIENTI

1 libbra di tofu extra-duro, sgocciolato e tamponato

1/2 tazza di maionese vegana, fatta in casa (vedi Maionese vegana) o acquistato in negozio

1/4 tazza di chutney di mango tritato, fatto in casa (vedi Marmellata di mango) o acquistato in negozio

2 cucchiaini di senape di Digione

1 cucchiaio di curry in polvere caldo o delicato

1 cucchiaino di sale

1/8 cucchiaino di pepe di Cayenna macinato

1 tazza di carote tritate

2 coste di sedano, tritate

1/4 tazza di cipolla rossa tritata

8 piccole foglie di lattuga Boston o altre morbide

4 pitas integrali (7 pollici), dimezzate

## INDICAZIONI

Sbriciolate il tofu e mettetelo in una ciotola capiente. Aggiungere la maionese, il chutney, la senape, il curry in polvere, il sale e il pepe di Cayenna e mescolare bene fino a quando non saranno ben amalgamati.

Aggiungere le carote, il sedano e la cipolla e mescolare per unire. Mettere in frigo per 30 minuti in modo che i sapori si amalgamino.

Infilare una foglia di lattuga all'interno di ogni tasca della pita, versare un po' di miscela di tofu sopra la lattuga e servire.

# 57. Impacco vegetariano con hummus

Porzioni 1 involucro

## INGREDIENTI

1 impacco o tortilla aromatizzata

1/3 di tazza di hummus

2 fette di cetriolo, affettate per il lungo

Una manciata di foglie di spinaci freschi

Pomodoro a fette

1/4 di avocado, affettato

Erba medica fresca o germogli di broccoli

Microgreens freschi

Foglie di basilico, se lo si desidera

## INDICAZIONI

Stendere l'hummus sul 1/3 inferiore dell'involucro, a circa 1/2 pollice dal bordo inferiore ma allargando i bordi laterali.

A strati il cetriolo, le foglie di spinaci, le fette di pomodoro, le fette di avocado, i beccucci, i microgreens e il basilico.

Piega bene l'involucro, come faresti con un burrito, rimboccando tutte le verdure con il primo rotolo e poi arrotolando saldamente fino alla fine. Tagliate a metà e buon appetito.

# 58. Involtini vegetariani arcobaleno

Porzioni: 4

## INGREDIENTI

4 (8 pollici) tortillas multicereali o involtini

1 tazza di hummus di olive preparato

2 once di formaggio Cheddar a fette sottili

1 ⅓ tazza di spinaci per bambini

1 tazza di peperone rosso affettato

1 tazza di germogli di broccoli

1 tazza di cavolo rosso tritato finemente

1 tazza di carote tagliate a julienne

Condimento della dea verde per servire


## INDICAZIONI

Spalmare ogni tortilla con 1/4 di tazza di hummus. Guarnire ciascuno con un quarto del Cheddar, spinaci, peperoni, germogli, cavoli e carote. Arrotolare ogni involucro.

Tagliate gli involtini a rondelle da 1 pollice. Servire con condimento per immersione, se lo si desidera.

## 59. Quesadillas con salsa

Tempo di cottura: 10 minuti

Porzioni: 6

## INGREDIENTI

450 g di farina per tutti gli usi

3 cucchiai di grasso vegetale freddo

1 cucchiaino di sale

2 cucchiaini di lievito in polvere

375 ml di acqua

384 g di formaggio Monterey Jack, grattugiato

180 ml Salsa grossa

2 cipolle verdi, affettate

2 cucchiai di olio di canola

## INDICAZIONI:

1.Mescolare in una ciotola la farina, il sale, il lievito e il grasso vegetale.. Mescolare bene con le mani fino ad incorporare tutto.

2.Aggiungere lentamente l'acqua e lavorare l'impasto con le mani.. La farina dovrebbe assorbire il liquido, dovresti ottenere un impasto liscio..

3. Formare delle palline con l'impasto, metterle nella tortilla pressa una ad una. Pressare per formare le tortillas..

4.Preriscaldare una ghisa a fuoco medio. Aggiungere le tortillas una per una e cuocere per circa 30-40 secondi per lato..

5. Posizionare le tortillas su una superficie piana e spennellare i bordi con acqua.

6. Mettere 65 g di formaggio, 1 cucchiaio di salsa e 2 cucchiaini di cipolle su metà di ogni tortilla, quindi piegare e premere per sigillare.

7. Scaldare l'olio in una padella a fuoco medio. . Friggere le quesadillas in lotti fino a doratura, quindi servire con salsa..

# 60. Quesadillas di fagioli e formaggio

Tempo di cottura: 10 minuti

Porzioni: 6

## INGREDIENTI

450 g di farina per tutti gli usi

473 g di fagioli, fritti

3 cucchiai di grasso vegetale freddo

120 ml Salsa Pace Picante

256 g di formaggio Monterey Jack, grattugiato

1 cucchiaino di sale

2 cucchiaini di lievito in polvere

2 cipolle verdi, affettate

375 ml di acqua

## INDICAZIONI:

1.Mescolare in una ciotola la farina, il sale, il lievito e il grasso vegetale.. Mescolare bene con le mani fino ad incorporare tutto.

2.Aggiungere lentamente l'acqua e lavorare l'impasto con le mani.. La farina dovrebbe assorbire il liquido, dovresti ottenere un impasto liscio..

3. Formare delle palline con l'impasto, metterle nella tortilla pressa una ad una. Pressare per formare le tortillas..

4.Preriscaldare una ghisa a fuoco medio. Aggiungere le tortillas una per una e cuocere per circa 30-40 secondi per lato..

5. Unire i fagioli e la salsa in una ciotola.

6.Disporre 6 Tortillas su due teglie e spennellare i bordi con acqua..

7. Mettere 86 g di mix di fagioli, cipolla e formaggio su metà di ogni tortilla, coprire con le tortilla rimanenti e premere per sigillare..

8.Riscaldare il forno a 200°C e cuocere per 9 minuti.. Tagliare ogni quesadilla in 4 fette.. Servire calda..

# 61. Croccante Di Manzo

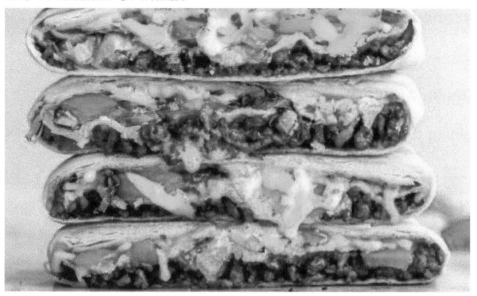

Tempo di cottura: 20 minuti

Porzioni: 6

## INGREDIENTI

450 g di farina per tutti gli usi

128 g di formaggio messicano, grattugiato

3 cucchiai di grasso vegetale freddo

256 g di lattuga, grattugiata

1 cucchiaino di sale

1 pomodoro, tagliato a dadini

2 cucchiaini 32 g di coriandolo tritato

lievito in polvere

1 lime, spremuto

375 ml di acqua

120 ml di panna acida

0,5 kg di carne macinata

60 ml di acqua

64 g queso affresco

1 confezione di condimento per taco

## INDICAZIONI:

1. Mescolare in una ciotola la farina, il sale, il lievito e il grasso vegetale.. Mescolare bene con le mani fino ad incorporare tutto.

2. Aggiungere lentamente l'acqua e lavorare l'impasto con le mani.. La farina dovrebbe assorbire il liquido, dovresti ottenere un impasto liscio..

3. Formare delle palline con l'impasto, metterle nella tortilla pressa una ad una. Pressare per formare le tortillas..

4. Preriscaldare una ghisa a fuoco medio. Aggiungere le tortillas una per una e cuocere per circa 30-40 secondi per lato..

5. Scaldare una padella a fuoco medio-alto per 3 minuti. Aggiungere la carne e cuocere per 9 minuti, mescolando spesso. Aggiungere l'acqua, il condimento per taco e far bollire per 11 minuti..

6. Mettere le tortillas su una superficie piana, aggiungere 2 cucchiai di queso, 125 g di manzo, 1 tostada, spalmare un po' di panna acida sulla tostada, aggiungere pomodoro, coriandolo, lattuga, un po' di lime e formaggio al centro di ogni tortilla. Arrotolarle su e sigilla i finali..

7. Ungere la padella con olio e mettere su fuoco medio. Mettere una tortilla arrotolata in padella e cuocere fino a quando non diventa dorata. Procedere allo stesso modo con le altre tortillas, servire..

# 62. Pesto Di Pollo

Tempo di cottura: 5 minuti

Porzioni: 4


## INGREDIENTI

450 g di farina per tutti gli usi

3 cucchiai di grasso vegetale freddo

1 cucchiaino di sale

2 cucchiaini di lievito in polvere

375 ml di acqua

256 g di pollo cotto a cubetti

4 cucchiai di pesto

1 carota, affettata sottile

256 g di spinaci novelli freschi

1 peperone rosso, affettato


## INDICAZIONI:

1.Mescolare in una ciotola la farina, il sale, il lievito e il grasso vegetale.. Mescolare bene con le mani fino ad incorporare tutto.

2.Aggiungere lentamente l'acqua e lavorare l'impasto con le mani.. La farina dovrebbe assorbire il liquido, dovresti ottenere un impasto liscio..

3. Formare delle palline con l'impasto, metterle nella tortilla pressa una ad una. Pressare per formare le tortillas..

4.Preriscaldare una ghisa a fuoco medio. Aggiungere le tortillas una per una e cuocere per circa 30-40 secondi per lato..

5. Unire il pollo al pesto in una ciotolina.

6. Mettere le tortillas su una superficie piana. Aggiungere 1/4 di spinaci, 1/4 di pepe, 1/4 di carote e 1/4 di pollo al centro di ogni tortilla. Arrotolare e servire..

# 63. Taco da dessert con pesche e crema

Tempo di cottura: 15 minuti

Porzioni: 6

## INGREDIENTI

450 g di farina per tutti gli usi

3 cucchiai di grasso vegetale freddo

1 cucchiaino di sale

2 cucchiaini di lievito in polvere

375 ml di acqua

2 pesche mature, affettate

113 g di crema di formaggio

1 cucchiaino di estratto di vaniglia

128 g di zucchero a velo

1 $\frac{1}{2}$ cucchiaio di panna

## INDICAZIONI

1.Mescolare in una ciotola la farina, il sale, il lievito e il grasso vegetale.. Mescolare bene con le mani fino ad incorporare tutto.

2.Aggiungere lentamente l'acqua e lavorare l'impasto con le mani.. La farina dovrebbe assorbire il liquido, dovresti ottenere un impasto liscio..

3. Formare delle palline con l'impasto, metterle nella tortilla pressa una ad una. Pressare per formare le tortillas..

4.Preriscaldare una padella di ghisa a fuoco medio. Aggiungere le tortillas una ad una e cuocere per circa 30-40 secondi per lato..

5.Sbattere la crema di formaggio in una ciotola. Aggiungere la vaniglia e mescolare bene..

6.Aggiungere lo zucchero a velo e sbattere bene. Aggiungere la panna e mescolare ancora..

7. Versare il composto sulle Tortillas e guarnire con le pesche.. Servire..

# 64. Quesadilla di spinaci

Resa: 1 porzione

## INGREDIENTE

1 Peperone verde tritato

1 cipolla tritata

$\frac{1}{2}$ mazzetto di Spinaci Tritati

1 lattina Fagioli neri sciacquati

$\frac{1}{2}$ confezione di condimento per taco (o le tue spezie messicane preferite)

## INDICAZIONI

Unisci 1 peperone verde tritato, 1 cipolla tritata, $\frac{1}{2}$ mazzetto di spinaci tritati, 1 lattina di fagioli neri sciacquati e $\frac{1}{2}$ confezione di condimento per taco (o le tue spezie messicane preferite). Aggiungere un po' di succo di fagioli messo da parte se il composto sembra asciutto.

Metti le tortillas di farina su una teglia. La mia teglia può contenere 2 burrito o 3 piccole tortillas... entrambe le dimensioni vanno bene. Spalmate il composto di verdure sulle tortillas. Cospargete di formaggio se vi piace.

Metti la teglia sotto una griglia calda e mettila lì. Non allontanarti :) Una volta che i bordi delle tortillas iniziano a dorarsi, estrai la teglia e con una spatola piegali a metà. Rimetti il foglio sotto la griglia per un minuto fino a quando le tortillas iniziano a formarsi delle bolle e diventano dorate. Fai attenzione... se il tuo pollo è come il mio... ci vogliono circa 10 secondi da non completamente cotto a nero bruciato. Tirali indietro e capovolgili dappertutto.

Grigliare l'altro lato. Sfornare e tagliare a metà o in terzi per formare dei triangoli.

# 65. Quesadillas con salsiccia di cinghiale e salsa rossa

Resa: 12 porzioni


## INGREDIENTE

2 tazze Salsiccia di cinghiale affettata; saltato

2 cucchiai di coriandolo tritato

1 cucchiaio di Jalapeno; privato del gambo, dei semi e tritato finemente

1 Mango maturo o papaia; sbucciato, privato dei semi e tagliato a dadini piccoli

1 peperoncino Poblano; arrostito, senza gambo, sbucciato e tagliato a listarelle sottili

1 lime; Succo di

3 tazze di formaggio grattugiato

12 tortillas di farina

3 cucchiai di olio vegetale

2 tazze di pomodorini freschi senza torsolo e tritati

1 tazza di cipolla rossa tritata

$\frac{3}{4}$ tazza di coriandolo fresco tritato

2 cucchiaini di peperoncino jalapeno tritato

2 cucchiai Succo di lime fresco

Sale; assaggiare

Pepe nero macinato; assaggiare

## INDICAZIONI

Per la salsa: unire pomodori, cipolla, coriandolo e jalapeno. Aggiungere il succo di lime e mescolare accuratamente. Condire con sale e pepe. Mettere da parte fino al momento dell'uso.

Per le quesadillas: in una ciotola media unire i primi sette ingredienti e mescolare per amalgamare. Metti sei tortillas di farina su un tagliere pulito. Distribuire il composto di tacchino su ogni tortilla di farina. Ricoprite con le restanti tortillas di farina. Portare una padella grande o una piastra a fuoco medio e spennellare con una piccola quantità di olio vegetale. Mettere un sandwich di tortilla di farina in padella o piastra e cuocere fino a doratura o circa 4 minuti. Con una spatola raccogliere il sandwich di tortilla di farina per completare la cottura fino a doratura o fino a quando il formaggio non si scioglie. Togliere dalla padella o dalla piastra e adagiare su un tagliere. Tagliare in sei spicchi. Servire caldo con salsa di pomodoro. Ripetere il processo di cottura con ogni tortilla.

# 66. Lasagne alla quesadilla

Resa: 1 porzione

## INGREDIENTE

1 salsiccia dolce da 16 once

1 barattolo da 8 once di salsa grossa

1 confezione (1,5 once) di condimento per taco

1 contenitore; (12 once) ricotta

1 confezione (8 once) di formaggio messicano grattugiato; diviso

2 uova; battuto

10 tortillas di farina da 7 pollici

1 lattina (4,5 once) di peperoncini verdi tritati; prosciugato

1 lattina (2 1/4 oz) di olive mature tritate

1 lattina (2 1/4 oz) di olive mature affettate

## INDICAZIONI:

Riscaldare il forno a 350. In una padella media rosolare la salsiccia a fuoco medio-alto. Togliere dal fuoco; drenare il grasso. Unire la salsa e il condimento per taco. In una ciotola media, unisci la ricotta, 1 tazza di formaggio e le uova.

Imburrate una teglia 13 x 9 e disponete 8 tortillas sul fondo e sui lati superiori della teglia.

Versare metà del composto di carne e metà del composto di ricotta sulle tortillas. Adagiare sopra due tortillas e aggiungere sopra il composto di carne rimanente e il composto di ricotta. Cospargere con peperoncini verdi, olive e formaggio rimanente. Infornate a 350° per 45 - 50 minuti coperti con un foglio di alluminio. Scoprire e cuocere per 5 minuti in più o fino a quando il formaggio sarà spumeggiante. Servire caldo.

# 67. Quesadillas di patate dolci

Resa: 4 porzioni

## INGREDIENTE

$1\frac{1}{2}$ tazza di cipolla tritata finemente

2 spicchi d'aglio; tritato

Brodo vegetale

4 tazze di patate dolci grattugiate (circa 3 patate) sbucciate o non sbucciate!

$\frac{1}{2}$ cucchiaino di origano essiccato

1 cucchiaino di peperoncino in polvere

2 cucchiaini di cumino macinato

1 pizzico (generoso) di Caienna

Sale e pepe a piacere

1 tazza di formaggio Cheddar senza grassi; grattugiato; o fette di qualsiasi cosa che si scioglierà

8 Tortillas

## INDICAZIONI

Soffriggere le cipolle in poco brodo in una larga padella antiaderente finché non saranno ben morbide, aggiungendo brodo se necessario.

Aggiungere l'aglio e mescolare per 30 secondi.

Aggiungere altro brodo, patate dolci grattugiate e spezie e mescolare per circa 10 minuti a fuoco medio finché la patata dolce non sarà tenera. Ciò richiederà attenzione e più brodo, poiché le patate dolci si attaccheranno, anche alla superficie antiaderente. Ma non essere troppo vigoroso con l'agitazione o le patate dolci diventeranno poltiglia.


Quando è tenero, assicurati che tutto il brodo sia evaporato e rimuovi il composto di patate dolci dal fuoco. Metti 1 tortilla ciascuna sul fondo di 4 tortiere di metallo dello stesso diametro delle tortillas. Dividere il composto di patate dolci tra le padelle e ricoprire con il formaggio. Coprite con le restanti tortillas e premete bene. Cuocere in forno a 425 gradi F. per circa 10-12 minuti, fino a quando le parti superiori iniziano a dorarsi e le tortillas sono croccanti. Togliere dagli stampini con una spatola e tagliare a spicchi per servire. Serve 4.

# 68. Quesadillas pomodoro e formaggio

Resa: 16 spicchi

## INGREDIENTE

1 tazza di pomodorini senza semi e tagliati a dadini

2 cucchiai Coriandolo o prezzemolo fresco tritato

1 peperoncino jalapeno, tritato

1 cucchiaio di cipolla rossa o verde tritata

1 cucchiaio di succo di lime fresco

Sale a piacere

4 tortillas di farina (da 9 a 10 pollici)

1 tazza di formaggio Cheddar extravecchio grattugiato

Olio d'oliva

Panna acida e cipolle verdi tritate

## INDICAZIONI

In una ciotola, unire pomodori, coriandolo, jalapeno, cipolla, succo di lime e sale.

Disporre le tortillas sul piano di lavoro e versare il composto di pomodoro su metà di ogni tortilla. Cospargere di formaggio. Piegare metà della tortilla sul ripieno e premere delicatamente per sigillare. Spennellate leggermente con olio d'oliva e mettete su una griglia unta a fuoco medio-alto.

Cuocere per circa 4 minuti per lato o fino a doratura e croccante. Tagliare ciascuno in 4 spicchi e guarnire con panna acida e cipolla verde.

## 69. Quesadilla di melanzane, cipolla rossa e formaggio di capra

Resa: 4 porzioni

## INGREDIENTE

4 Affettare trasversalmente la cipolla rossa; 1/4 di pollice di spessore

4 Melanzane a fette longitudinali; con la buccia, 1/4 di pollice; spesso

Tre; (6 pollici) tortillas di farina

$\frac{1}{4}$ di tazza di Monterey Jack grattugiato

$1\frac{1}{2}$ tazza di formaggio di capra sbriciolato

Sale e pepe macinato fresco

1 cucchiaio di olio d'oliva

## INDICAZIONI

Preparare una fronte di carbone e lasciarla bruciare fino alla brace, oppure preriscaldare la griglia. Preriscaldare il forno a 450 F.

Saltare le melanzane e le cipolle rosse nell'olio d'oliva e condire con sale e pepe. Grigliate le fette di cipolla 2 minuti per lato e le melanzane 1 minuto e mezzo per lato. Mettere da parte Mettere 2 tortillas su una teglia non unta. Distribuire su ciascuno metà dei formaggi, melanzane e cipolla e condire a piacere con sale e pepe. Impilare i 2 strati e coprire con la tortilla rimanente.

Può essere preparato in anticipo fino a questo punto e refrigerato. Cuocere per 8-12 minuti, o fino a quando le tortillas sono leggermente croccanti e il formaggio si è sciolto.

Tagliare in quarti e servire caldo.

# TUFFI

# 70. Spalmabile di pomodori secchi

## INGREDIENTI

Due cucchiai di fagioli bianchi grandi precotti

1/2 tazza di noci

Dieci fette di pomodori secchi

Un cucchiaio di olio d'oliva o altro olio a scelta

Due cucchiai di semi di zucca

Uno spicchio d'aglio

Basilico fresco, sale e pepe alle erbe o altre spezie a scelta

## INDICAZIONI

Unire gli ingredienti in un frullatore e frullare fino ad ottenere un composto liscio e cremoso.

# 71. Sogni di hummus

## INGREDIENTI

1 tazza di ceci precotti

1/2 tazza di noci

1 cucchiaino di tahini (pasta di sesamo)

1 cucchiaino di cumino

1 cucchiaino di aceto di vino bianco

Sale e pepe

Asparagi freschi da usare come guarnizione

## INDICAZIONI

Unire gli ingredienti in un frullatore e frullare fino ad ottenere un composto liscio e cremoso.

## 72. Salsa / salsa alla quesadilla

3 persone

5 minuti

## INGREDIENTI

1/2 tazza di maionese

2 cucchiai di panna

2 cucchiaini di Jalapeño (tritato)

2 cucchiaini di succo di jalapeño

2/3 zucchero

1/2 cucchiaino di cumino tostato

1/2 cucchiaino di paprika

1/8 cucchiaino di aglio in polvere

Sale a piacere


## INDICAZIONI

Prendi una ciotola e mettici dentro la maionese. Aggiungere lo zucchero e la paprika

Quindi cumino macinato arrostito con aglio in polvere e sale. Amalgamare e aggiungere un po' di panna.

Quindi alla fine aggiungi i jalapeños tritati o tritati con acqua jalapeño. Mescolare bene

Spalmarlo sulla tortilla di quesadilla e servire con esso. (vedi ricetta)

## 73. Ripieno di mele al rum

Per 2 tazze (480 g)

## INGREDIENTI

4 tazze (600 g) di mele tritate grossolanamente, sbucciate e private del torsolo

3 cucchiai (45 ml) di acqua

2 cucchiai (28 g) di burro

1 cucchiaino di cannella

1/3 di tazza (67 g) di zucchero

1/3 di tazza (50 g) di uvetta scura

1 cucchiaio (8 g), più 1 cucchiaino di amido di mais

2 cucchiai (28 ml) di rum o succo d'arancia

## INDICAZIONI

1 In una casseruola media a fuoco medio, unire le mele, l'acqua, il burro, la cannella e lo zucchero.

2 Mescolare e cuocere per sciogliere lo zucchero. Quando lo zucchero si sarà sciolto e il composto bolle, abbassate la fiamma. Unire l'uvetta.

3 Coprite e fate sobbollire, mescolando di tanto in tanto, per 5 minuti, o finché le mele non saranno morbide.

4 In un piattino, unire l'amido di mais e il rum o il succo d'arancia. Unire le mele e cuocere per circa 1 minuto o fino a quando le mele non bolle e si addensa. Mettere da parte dal fuoco e far raffreddare completamente prima di usarla per farcire le Tortillas di Farina "Empanadas". Completare con la crema inglese.

## 74. Ripieno di zucca

Per 2 tazze (480 g)

## INGREDIENTI

1 lattina (15 once o 425 g) di zucca in confezione solida (non ripieno di torta di zucca)

2 cucchiai (30 g) di zucchero di canna

1 cucchiaino di cannella in polvere

## RIPIENO DI PATATE DOLCI

Per 2 tazze (480 g)

2 tazze (656 g) di purè di patate dolci, appena sfornate o in scatola

1 cucchiaio (15 g) di zucchero di canna

1 cucchiaino di cannella in polvere

## INDICAZIONI

1 In una ciotola media, utilizzando uno sbattitore elettrico, frullare la zucca, lo zucchero di canna e la cannella fino a quando lo zucchero di canna non si sarà sciolto e gli ingredienti saranno ben amalgamati.

2 Utilizzare per riempire le Empanadas. Completare con Cajeta o Dulce de Leche.

1 In una ciotola media, usando uno sbattitore elettrico, frullare le patate dolci, lo zucchero di canna e la cannella fino a quando lo zucchero di canna non si sarà sciolto e gli ingredienti saranno ben amalgamati.

2 Utilizzare per riempire le Empanadas. Guarnire con la salsa di ananas.

# 75. Mascarpone dolce

Per 1 tazza (225 g)

## INGREDIENTI

8 once (225 g) di mascarpone o crema di formaggio

1/2 tazza (100 g) di zucchero

1 o 2 cucchiai (da 15 a 30 g) di yogurt greco

## INDICAZIONI

1 In una ciotola media, unire il mascarpone o la crema di formaggio e lo zucchero.

2 Con le fruste elettriche unire il formaggio e lo zucchero. Per diluire la crema di formaggio, aggiungere lo yogurt greco quanto basta per ottenere la consistenza desiderata.

3 Sbattere fino a ottenere un composto spumoso. Mettere in frigo fino al momento di servire.

## 76. Crema inglese

Per 2 tazze (480 g)

## INGREDIENTI

175 ml di latte intero

3/4 di tazza (175 ml) di panna

4 tuorli d'uovo

4 cucchiai (52 g) di zucchero

2 cucchiaini di puro estratto di vaniglia

## INDICAZIONI

1 In una casseruola media a fuoco basso, unire il latte e la panna. Scaldare per 5 minuti o fino a quando il liquido bolle e le bolle non rompono la superficie. Togliere dal fuoco.

2 In una ciotola media, sbatti insieme i tuorli e lo zucchero per 2 minuti o finché lo zucchero non si scioglie e il composto diventa giallo chiaro.

3 Sbattere gradualmente il composto di latte caldo nei tuorli, mescolando continuamente. Rimettete il composto nella casseruola a fuoco basso.

4 Cuocere e mescolare per 5 minuti o finché la crema non si addensa e ricopre il dorso di un cucchiaio. Non bollire.

5 Togliere dal fuoco. Unire la vaniglia. Lasciar raffreddare leggermente.

6 Versare il liquido attraverso un colino fine in un contenitore con coperchio ermetico. Coprire e raffreddare. Servire freddo.

# 77. Salsa al caramello messicano

Per 1 1/2 tazze (360 g)

## INGREDIENTI

4 tazze (946 ml) di latte intero di capra o di vacca

11/4 tazze (250 g) di zucchero

1/2 cucchiaino di bicarbonato di sodio

1 cucchiaino di puro estratto di vaniglia (vaniglia messicana certificata se disponibile)

## INDICAZIONI

1 In una casseruola pesante di medie dimensioni a fuoco medio, unire il latte, lo zucchero e il bicarbonato di sodio.

2 Cuocere, mescolando di tanto in tanto con una spatola resistente al calore o un cucchiaio di legno, fino a quando lo zucchero non si sarà sciolto e il latte non diventa spumoso e chiaro, per circa 15 minuti.

3 Continuare la cottura a fuoco lento, mescolando spesso e raschiando i lati della pentola. Cuocere per circa 45 minuti a 1 ora o fino a quando il composto non si addensa e diventa dorato.

4 Mescolando continuamente, continuare la cottura fino a quando il composto non sarà denso. Dovrebbe essere abbastanza appiccicoso in modo che quando una spatola raschia il fondo della pentola, una "scia" rimanga aperta per 1 secondo. Togliere dal fuoco. Unire la vaniglia.

5 Trasferire in un barattolo a bocca larga resistente al calore. Questo può essere refrigerato fino a 3 mesi. Riscaldare dolcemente mettendo il barattolo in una casseruola di acqua calda, non bollente.

# 78. Salsa di ananas

Per 2 tazze (280 g)

## INGREDIENTI

2 tazze (330 g) di ananas fresco tritato grossolanamente o 1 lattina (20 once o 560 g) di ananas tritato

3 cucchiai (42 g) di burro

2 cucchiai (26 g) turbinado o zucchero semolato

1/2 cucchiaino di puro estratto di vaniglia

Pizzico di sale

## INDICAZIONI

1 In una casseruola media a fuoco medio, unire l'ananas, il burro e lo zucchero.

2 Mescolare e cuocere per sciogliere lo zucchero. Quando lo zucchero si sarà sciolto e il composto bolle, abbassate la fiamma. Cuocere a fuoco lento, mescolando di tanto in tanto, per 5 minuti o finché la salsa non si sarà addensata e sciropposa.

3 Unire la vaniglia e il sale.

4 Servire tiepido oa temperatura ambiente.

## 79. Pico di frutta

Per 4 tazze (560 g)

## INGREDIENTI

1 pinta (340 g) di fragole, mondate e tritate grossolanamente, per fare 2 tazze

1 pesca o mango, sbucciato e tritato, per fare 1 tazza (175 g)

1 mela Granny Smith, non sbucciata e tritata, per fare 1 tazza (125 g)

1 cucchiaino di succo di limone

## INDICAZIONI

1 In una ciotola media, unire le fragole tritate, la pesca o il mango e la mela.

2 Mescolare per unire. Unire il succo di limone. Raffreddare fino al momento di servire.

# 80. Amore per l'avocado

## INGREDIENTI

Un avocado

Due cucchiai di succo di limone appena spremuto

Sale e pepe

Un pizzico di sale nero per un gusto di uovo (facoltativo)

## INDICAZIONI

Unire gli ingredienti in un frullatore e frullare fino ad ottenere un composto liscio e cremoso.

# 81. Pimiento spalmabile per farcitura di panini

Resa: 2 porzioni

## INGREDIENTE

$\frac{1}{2}$ tazza di tofu

2 cucchiai di olio

2 cucchiai di aceto di mele

1 cucchiaio di zucchero

$1\frac{1}{2}$ cucchiaino di sale

$\frac{1}{8}$ cucchiaino di pepe nero

pizzico di aglio in polvere

1 libbra di tofu sodo; sbriciolato

3 cucchiai Condimento di sottaceti dolce

$\frac{1}{2}$ tazza di Pimientos; sgocciolato e tritato

## INDICAZIONI

Unire i primi 7 ingredienti in un frullatore e frullare fino ad ottenere un composto liscio e cremoso.

Unire in una ciotola con gli altri ingredienti. Meglio se refrigerato per una notte.

## 82. Panino al tofu spalmabile

Resa: 4 porzioni

## INGREDIENTE

10 once di tofu solido

$\frac{1}{2}$ peperone verde; tagliato a dadini

1 gambo di sedano; tagliato a dadini

1 carota; grattugiato

4 piccoli Cipolle verdi; affettato

1 cucchiaio di prezzemolo

1 cucchiaio di capperi

2 cucchiai di sostituto della maionese a base di tofu

1 cucchiaio di senape preparata

$\frac{1}{2}$ cucchiaino di succo di limone fresco

$\frac{1}{4}$ cucchiaino di pepe

$\frac{1}{4}$ cucchiaino di timo

## INDICAZIONI

Mescolate tutti gli ingredienti insieme e servite sul vostro pane preferito con germogli, pomodori e cetrioli.

## 83. Panino vegetariano spalmabile

Resa: 1 porzione

## INGREDIENTE

1 confezione di tofu sodo

$\frac{1}{2}$ tazza di maionese di soia

1 cipolla verde, tagliata a dadini

1 ciascuno Peperone verde, tagliato a dadini

1 gambo di sedano, tritato

$\frac{1}{4}$ tazza di semi di girasole o di sesamo

1 cucchiaio di salsa di soia

1 cucchiaino di curry in polvere

1 cucchiaino di curcuma

1 cucchiaino di aglio in polvere

## INDICAZIONI

Sbriciolate il tofu con una forchetta. Aggiungere gli altri ingredienti e mescolare bene.

Servire su cracker o pane.

# 84. Crema di lenticchie indiane

Resa: 2 porzioni

## INGREDIENTE

1 tazza di lenticchie cotte

4 spicchi d'aglio; premuto

2 cucchiaini di coriandolo macinato

1 cucchiaino di cumino macinato

$\frac{1}{2}$ cucchiaino di curcuma macinata

$\frac{1}{2}$ cucchiaino di peperoncino in polvere

$\frac{1}{2}$ cucchiaino di zenzero macinato

## INDICAZIONI

Unire tutti gli ingredienti in una piccola casseruola. Cuocere dolcemente a fuoco basso, mescolando di tanto in tanto, per 5 minuti, in modo che i sapori si amalgamino.

Raffreddare per 1 ora.

## 85. Panino ai ceci spalmabile

Resa: 4 porzioni

## INGREDIENTE

1 tazza di ceci; cucinato

Aglio in polvere qb

3 cucchiai di condimento per insalata italiano

Sale e pepe a piacere

## INDICAZIONI

Schiacciare i ceci con una forchetta e aggiungere i condimenti.

Servire su pane integrale abbrustolito con fettine di lattuga e pomodoro.

# 86. Crema spalmabile di fagioli al curry

Resa: 8 porzioni

## INGREDIENTE

$\frac{3}{4}$ tazza di acqua

1 cipolla; tritato

1 tazza di sedano a cubetti

1 peperone verde; tagliato a dadini

$\frac{1}{2}$ tazza di carota tagliata a dadini

2 Cl Aglio; tritato

$2\frac{1}{2}$ cucchiaino di curry in polvere

$\frac{1}{2}$ cucchiaino di cumino macinato

1 cucchiaio di salsa di soia

3 tazze di fagioli bianchi cotti

## INDICAZIONI

Mettere l'acqua in una casseruola e aggiungere tutte le verdure e l'aglio.

Cuocere, mescolando di tanto in tanto, per 15 minuti. Unire il curry in polvere, il cumino e la salsa di soia e mescolare bene.

Togliere dal fuoco. Aggiungere i fagioli; mescolare bene. Mettere il composto in un robot da cucina o in un frullatore e frullare brevemente fino a quando non sarà tritato ma non frullato. Freddo.

# 87. Panino Insalata Spalmabile

Rendimento: 4

## INGREDIENTI

4 metà di pomodori secchi

1 - [ 15,5 once lattina] ceci, scolati e sciacquati

1 cucchiaino di senape gialla

1 $\frac{1}{2}$ cucchiaino di salsa piccante

$\frac{1}{2}$ cucchiaino di fumo liquido

1 cucchiaino di tahin

$\frac{1}{2}$ cucchiaino di puro sciroppo d'acero

1 $\frac{1}{2}$ cucchiaino di tamari a ridotto contenuto di sodio

$\frac{1}{2}$ cucchiaino di aglio in polvere

$\frac{1}{4}$ cucchiaino di cipolla in polvere

$\frac{3}{4}$ cucchiaino di paprika affumicata

$\frac{1}{2}$ cucchiaino di sale marino

Da $\frac{1}{4}$ a $\frac{1}{2}$ tazza di condimento di sottaceti

## IDEE PER IL SERVIZIO:

Lattuga grattugiata

Pomodori a fette

Pane tostato (o involucro)

Condimento di sottaceti o sottaceti

## INDICAZIONI

Metti le metà dei pomodori secchi in una ciotolina, copri con acqua bollente e lascia riposare per 5 minuti ad ammorbidire. Dopo 5 minuti, togliere le metà dei pomodori secchi ammorbiditi (scartare l'acqua), tritarli finemente e metterli in un robot da cucina.

Mettere tutti gli altri ingredienti in un robot da cucina. Frullate un paio di volte fino a quando tutti gli ingredienti non saranno distribuiti uniformemente.

Facoltativo: aggiungi il condimento di sottaceti sgocciolato o i sottaceti tritati.

Prova il gusto e regola gli ingredienti di conseguenza in base alle preferenze personali.

Servire su crostini di pane o in un involucro con lattuga grattugiata con pomodori a fette.

# 88. Panino Alla Tofuna Spalmabile

## INGREDIENTI

Confezione da 8 once di tofu al forno

1/2 tazza di maionese vegana o a piacere

1 gambo di sedano grande, tagliato a dadini

1 scalogno (solo la parte verde), affettato sottilmente

2 cucchiai di lievito alimentare

## INDICAZIONI

Con le mani, sbriciolate finemente il tofu in una terrina. Oppure puoi rompere il tofu in pochi pezzi, metterlo in un robot da cucina e frullare a fuoco lento fino a quando non sarà tritato finemente e uniformemente, quindi trasferirlo in una ciotola.

Aggiungere la maionese e il sedano. Mescolare accuratamente. Incorporate uno o entrambi gli ingredienti facoltativi. Trasferire in un contenitore da portata più piccolo o servire direttamente dal boccale.

# 89. Salsa al coriandolo

Resa: 3 tazze

## INGREDIENTE

2 medie Cipolla(e), tagliata a quarti

5 spicchio/i d'aglio

1 peperone verde,

Senza torsolo, senza semi, a dadini

12 peperoni Cachucha

Con gambo e semi o

3 cucchiai Peperone rosso tagliato a dadini

1 mazzetto di coriandolo

Lavato e stelo

5 foglie di coriandolo

1 cucchiaino di origano essiccato

1 tazza di olio extravergine di oliva

½ tazza di aceto di vino rosso

Sale e pepe

## INDICAZIONI

Frullate le cipolle, l'aglio, i peperoni, il coriandolo e l'origano in un robot da cucina. Aggiungere l'olio d'oliva, l'aceto, il sale e il pepe e frullare fino ad ottenere un composto omogeneo.

Correggere il condimento, aggiungendo altro sale o aceto a piacere.

Trasferite la salsa in barattoli di vetro puliti. Refrigerato, si conserva per diverse settimane.

# 90. Soffritto verde messicano

Resa: 1 tazza

## INGREDIENTE

2 cucchiai di olio d'oliva

1 Cipolla piccola

Tritato finemente (1/2 tazza)

1 mazzetto di scalogno, mondato

Tritato

4 Spicchio(i) d'aglio, tritato

1 Peperone verde

Senza torsolo, senza semi

Tritato

$\frac{1}{4}$ tazza di coriandolo, tritato

4 foglie di Cuentro

Tritato finemente (opzionale)

$\frac{1}{2}$ cucchiaino di sale o a piacere

Pepe nero qb

## INDICAZIONI

Scaldare l'olio d'oliva in una padella antiaderente. Aggiungere la cipolla, lo scalogno, l'aglio e il peperone.

Cuocere a fuoco medio fino a quando non sarà morbido e traslucido ma non marrone, circa 5 minuti, mescolando con un cucchiaio di legno.

Unire il coriandolo, il prezzemolo, il sale e il pepe. cuocere il composto per un minuto o due in più. Correggere il condimento, aggiustando di sale e pepe.

Trasferire in un barattolo di vetro pulito. Refrigerato, si conserva fino a 1 settimana.

# 91. Strofinaccio di maiale alla messicana

Resa: 1 porzione

## INGREDIENTE

2 cucchiai di cumino; terra

2 cucchiai di aglio; tritato

2 cucchiai di coriandolo; fresco, ruvido tritato

2 cucchiai di pepe nero; appena screpolato

2 cucchiai di sale

2 cucchiai di aceto bianco

2 cucchiai di senape gialla

2 cucchiai di peperoncino jalapeno; tritato

2 cucchiai di olio d'oliva

## INDICAZIONI

Unire tutti gli ingredienti e mescolare bene. Utilizzare entro due giorni dalla preparazione.

Strofina il mozzicone di maiale con una miscela di spezie e affumica per 1 ora e mezza per libbra a 240-250F.

## 92. Salsa vegetale

Resa: 12 porzioni

## INGREDIENTE

1 tazza di maionese

1 tazza di panna acida

$\frac{1}{4}$ cucchiaino di aglio in polvere

1 cucchiaino di Fiocchi di Prezzemolo

1 cucchiaino di sale condito

$1\frac{1}{2}$ cucchiaino di semi di aneto

## INDICAZIONI

Mescolare tutti gli ingredienti e raffreddare. Il meglio fatto il giorno prima.

Servire con verdure crude: sedano, carote, cetrioli, peperoni, cavolfiore, ecc.

# 93. Salsa Vallarta

Resa: 16 porzioni

## INGREDIENTE

6½ once di tonno in scatola -- sgocciolato

1 cipolla verde -- affettata

3 cucchiai di salsa piccante al peperoncino

4 cucchiai di maionese

8 rametti di coriandolo, o a piacere

Succo di limone o lime

Sale a piacere

Patatine tortilla

## INDICAZIONI

In una ciotola mescolate tonno, cipolla, salsa, maionese e coriandolo. Condire a piacere con succo di limone e sale; aggiustare gli altri condimenti a piacere. Servire con patatine.

Tagliare la cipolla verde in lunghezze di 1 pollice e metterla nel robot da cucina dotato di lama d'acciaio. Aggiungere i rametti di coriandolo e frullare per 3-5 secondi. Aggiungere il tonno, la salsa, la maionese, il succo di limone e il sale; pulsare un paio di volte per unire.

Assaggia, regola il condimento e frulla una o due volte di più.

Togliere dal frigorifero circa 30 minuti prima di servire.

# 94. Salsa fresca di pomodoro e mais alle erbe

## INGREDIENTI

Confezione da 6,10 once di mais congelato o

4 spighe di mais fresco, tagliate dalla pannocchia

1 pomodoro maturo grande, tagliato a dadini

1/2 cipolla rossa media, tagliata a dadini piccoli

1 peperoncino jalapeño, privato dei semi e tagliato a dadini

3 cucchiai di aceto balsamico

2 cucchiai di basilico fresco tritato

2 cucchiai di coriandolo fresco tritato

sale marino a piacere

## INDICAZIONI

Riunite il tutto in una ciotola capiente e mescolate bene.

Lasciate riposare per 1 ora a temperatura ambiente o in frigorifero per far sposare i sapori.

# 95. Guacamole di fagioli bianchi

Fa circa 3 tazze

## INGREDIENTI

2 tazze leggermente confezionate avocado maturo tritato/affettato grossolanamente

1 tazza di fagioli bianchi 1/2 cucchiaino di sale marino

2-21/2 cucchiai di succo di limone

Acqua, per diluire a piacere

## INDICAZIONI

Metti l'avocado, i fagioli bianchi, il sale marino, il succo di limone e l'acqua in un robot da cucina o in un frullatore e frulla fino a ottenere un composto liscio.

Condire a piacere con altro sale e/o succo di limone.

# 96. Peperoni arrostiti in agrodolce

Fa circa 2 tazze

## INGREDIENTI

3 peperoni rossi o 2 peperoni rossi e 1 giallo

Circa 2 cucchiai di vino bianco delicato o aceto di vino rosso

1 spicchio d'aglio, tritato

1 cucchiaino di zucchero Sale

## INDICAZIONI

Arrostire i peperoni a fuoco vivo sopra un fornello a gas o sotto la griglia.
Mettere i peperoni vicino alla fonte di calore e rigirarli mentre cuociono, lasciandoli carbonizzare in modo uniforme.
Togliere i peperoni dal fuoco e metterli in un sacchetto di plastica o in una ciotola. Sigillare o coprire ermeticamente e lasciare cuocere a vapore per almeno 30 minuti; il vapore separerà la pelle dalla polpa dei peperoni. I peperoni possono essere lasciati nella loro borsa o ciotola fino a notte fonda. Sbucciate ed eliminate la pelle nera carbonizzata dei peperoni, quindi privateli dei gambi e dei semi. Sciacquare la maggior parte dei minuscoli frammenti di materiale carbonizzato nero dalla carne mettendoli sotto l'acqua corrente e strofinandoli qua e là. Qualche macchiolina di pelle annerita, così come le aree di pepe non sbucciato lasciate dietro, vanno bene.

Affettate i peperoni e metteteli in una ciotola con l'aceto, l'aglio, lo zucchero, un bel pizzico di sale e circa 1 cucchiaio d'acqua. Coprite bene e fate raffreddare per almeno un giorno.

# 97. Mostarda al curry

Fa $\frac{1}{2}$ tazza

## INGREDIENTI

$\frac{1}{4}$ tazza di senape di Digione dolce o integrale con 1 tazza di chutney di mango

$\frac{1}{2}$ cucchiaino di curry in polvere

## INDICAZIONI

Combina tutto.
Divertiti.

## 98. Senape con scalogno ed erba cipollina

Fa $\frac{1}{4}$ di tazza

**INGREDIENTI**

$\frac{1}{4}$ tazza di senape di Digione delicata

1-2 scalogni, tritati finemente

2 cucchiai di erba cipollina fresca tritata

**INDICAZIONI**

Combina tutto.
Divertiti.

# 99. Senape fresca allo zenzero

Fa circa ¼ di tazza

**INGREDIENTI**

2 cucchiai di senape di Digione delicata

2-3 cucchiai di senape integrale

1-2 cucchiaini di zenzero pelato fresco grattugiato, a piacere

**INDICAZIONI**

Combina tutto.

Divertiti.

## 100. Senape baciata dal sole agli agrumi

Fa circa $\frac{1}{4}$ di tazza

## INGREDIENTI

$\frac{1}{4}$ tazza di senape di Digione delicata

$\frac{1}{2}$ cucchiaino di scorza di limone o lime grattugiata finemente

1-2 cucchiaini di succo di limone o lime fresco

## INDICAZIONI

Combina tutto.
Divertiti.

# CONCLUSIONE

Anche se è difficile sbagliare con questo piatto, anche nelle sue forme più elementari, queste ricette di quesadilla sono il meglio del meglio.

Dalle quesadillas al ceviche di gamberi alle quesadillas alla bistecca con pomodoro arrosto e salsa di mele e quesadillas di zucca, mela e cipolla caramellata, queste ricette cementeranno per sempre le quesadillas come cibo messicano.

Divertiti!